AF550139

SÖREN FLIMM

RESONANZ

MENSCHEN VERSTEHEN, BEWEGEN, GEWINNEN

BusinessVillage

Sören Flimm
Resonanz
Menschen verstehen, bewegen, gewinnen
1. Auflage 2023

Bestellnummern
ISBN 978-3-86980-698-3 (Druckausgabe)
ISBN 978-3-86980-699-0 (E-Book, PDF)
ISBN 978-3-86980-700-3 (E-Book, EPUB)
Direktbezug unter www.BusinessVillage.de/bl/1167.html

Bezugs- und Verlagsanschrift
BusinessVillage GmbH
Reinhäuser Landstraße 22
37083 Göttingen
Telefon: +49 (0)5 51 20 99-1 00
Fax: +49 (0)5 51 20 99-1 05
E-Mail: info@businessvillage.de
Web: www.businessvillage.de

Layout und Satz
Sabine Kempke

Illustration auf dem Buchcover
Sergey Balakhnichev, www.istockphoto.com/de

Autorenfoto
Salih Usta, www.bildstuermer.de

Druck und Bindung
www.booksfactory.de

Inhalt

Über den Autor

Sören Flimm steht für mehr Resonanz in der Mensch-zu-Mensch-Beziehung. Er ist ein Experte, wenn es darum geht, Menschen zu erreichen, zu verstehen und zu bewegen.

Seinen Karriereweg startete der diplomierte Betriebswirt als Führungskraft und Projektmanager in der Finanzbranche, daneben führte ihn seine Leidenschaft als Entertainer und Musicalhauptdarsteller europaweit auf Bühnen.

Aus dem Zusammenspiel dieser beiden Welten versteht es der Keynote-Speaker und Trainer, Menschen wirksam und nachhaltig für zwischenmenschliche Resonanz zu inspirieren und zu gewinnen.

Kontakt

E-Mail: info@soeren-flimm.de
Web: www.soeren-flimm.de | www.resonanzakademie.com

Leserhinweis

Da ich ein großer Befürworter von Gleichberechtigung bin, habe ich mich bemüht, in meinen verwendeten Beispielen verschiedene Geschlechterrollen zu wählen. Ich habe allerdings darauf verzichtet, im Text eine gendergerechte Formulierung zu verwenden, wenn sie den Lesefluss aus meiner Perspektive zu stark stören würde. Insofern dürfen sich in diesem Buch zu jeder Zeit alle Geschlechter angesprochen fühlen. Weiterhin habe ich die vertraute Du-Ansprache gewählt, weil ich glaube, dass sie uns tendenziell als Menschen besser erreicht als eine förmliche Sie-Ansprache.

Prolog:
Resonanz als neuer Zugang zu verlorener Wirksamkeit

Innere Stärke, Achtsamkeit, Resilienz, emotionale Intelligenz, Selbstmotivation, Kommunikation und Rhetorik, und viele mehr – die Welt ist voll von Themen, die Wachstum, Zufriedenheit und Erfolg versprechen. Braucht es da wirklich noch einen weiteren Ansatz? Um ehrlich zu sein: Ja, denn wir brauchen mehr Resonanz. Es ist ja auch nicht so, dass Resonanz sich in den Wettbewerb zu innerer Stärke, Resilienz, Rhetorik und Co. stellt, sondern sie vielmehr so etwas wie ein verbindendes Element zwischen alledem bedeutet. Die Perspektive der Resonanz stellt die Dinge, die du als Leser oder Leserin vielleicht bereits kennengelernt hast, nicht infrage, sondern du bekommst einen neuen Zugang zum eigenen Handeln und dessen Wirkung, der bislang fehlte. Unter diesem Blickwinkel lohnt es sich, für ein Mehr an Wirksamkeit – sowohl im Innen als auch im Außen – den Fokus auf all das zu legen, was einen selbst und andere positiv bewegt und Energie schenkt.

Die untrennbare Vereinigung dessen, was einen selbst positiv in Schwingung versetzt und diese Wirkung auch beim Gegenüber zu erreichen vermag, ist nur ein Aspekt, den das Konzept der Resonanz vertieft. Sämtliche eigenen Überzeugungen, Haltungen, Werte und Entschlossenheit können in der Welt nur dann wirken, wenn wir wissen, wie wir damit bei anderen Menschen eine antwortende und bewegende Reaktion erreichen – unser Gegenüber ehrlich dafür gewinnen können. Das gilt im Business genauso wie in unser aller Privatleben: Überall dort, wo Menschen aufeinandertreffen, liegt in zwischenmenschlicher Resonanz das alles entscheidende Momentum, wenn die Begegnung beide Seiten bereichern soll. Insbesondere in Führung und Verkauf, wo es entscheidend darum geht, den anderen für sich oder eine Sache zu gewinnen, besteht in Resonanzkompetenz eine der basalen Skills, die es dafür braucht.

Erleben wir echte Resonanzmomente mit unserem Gegenüber, gehen beide Interaktionspartner nahezu verwandelt aus der Situation hervor. Das Gefühl, wahrgenommen, verstanden und berührt oder bewegt zu werden, kann wahre Glücksmomente verschaffen – für einen selbst genauso wie für das Gegenüber. Keine Sorge: Resonanz beschreibt keinen Beziehungsmodus fortwährender Harmonie und ewiger Eintracht, sondern eine gegenseitige Verbindung, die auf Authentizität, Ehrlichkeit, Respekt und Wertschätzung beruht. Neben Harmonie finden hier auch Dissonanzen ihren Platz – sogar einen sehr notwendigen. Der Blick durch die Resonanz-Brille kann und wird in unser aller Alltag wunderbare neue Handlungs- und Wirkungsfelder eröffnen. Die Erkenntnisse aus der Welt der Resonanz, die ich mit diesem Buch zu beschreiben versuche, sind in den letzten Jahren insbesondere aus meinem beruflichen Lebensweg heraus gewachsen.

Ich erinnere mich noch genau an den sonnigen Tag im Spätsommer 2018. Ich war in Berlin zu einem Business-Coaching in eigener Sache und durfte einen wundervollen wie gleichermaßen intensiven Tag gemeinsam mit einer Dame verbringen, die ich zutiefst schätze. Wir haben viel gesprochen, reflektiert und Gedanken sortiert – wie für ein Business-Coaching üblich. Wie war es dazu gekommen? Damals spürte ich immer intensiver, dass ich insbesondere mit meinem damaligen beruflichen Lebensentwurf nicht in guter Resonanz stand. An verschiedenen Stellen ging zu viel Energie verloren, die nicht zu mir zurück gefunden hatte. Aus diesem Grund beschäftigten wir uns an diesem schönen Sonnentag intensiv mit der Frage nach dem, was ich durch mein Tun in die Welt tragen möchte. Wofür ich stehen und eintreten möchte, was mich berührt und bewegt, was ich anderen und der Welt zu geben habe. Wir sprachen über verschiedene Stationen meines Lebens: zahlreiche Konzerte als Sänger und Pianist vor Tausenden von Menschen, Führungskraft in der Finanzbranche, Projektmanager für Strategieprojekte, eigene Musicalproduktionen, Entertainer in großen Hallen. Alles Dinge, die teils parallel stattgefunden haben, hauptberuflich wie nebenberuflich. Mit einer Frage hatte ich bei meinem Ausflug in die Vergangenheit nicht gerechnet: mit der Frage nach dem Warum. Mein Coach fragte, warum ich all diese Projekte und Wege beschritten hatte, was meine Motivation gewesen sei. Es war dann erst einmal Stille im Raum, denn ich hatte keine Antwort darauf. Noch nie zuvor hatte ich

»

Der Blick durch die Resonanz-Brille kann und wird in unser aller Alltag wunderbare neue Handlungs- und Wirkungsfelder eröffnen.

«

mir aktiv diese im Grunde einfache Frage gestellt. Irgendwie kam immer eines auf das andere. Und auf einmal stand auf dem Flipchart »Menschen begeistern«. In meiner noch immer andauernden Sprachlosigkeit blickte ich darauf und mir liefen ein paar Tränen. Das war also die Antwort auf so viele Fragen. An diesem Tag begann meine Reise in eine neue Welt, eine neue Sicht auf die Dinge eröffnete sich mir. »Menschen begeistern« war damals der passende Leitgedanke und Grundstein für das, was ich heute als mein Herzensthema bezeichnen darf: Resonanz im menschlichen Miteinander.

Ich erzähle dir diese Geschichte keineswegs, um meinen eigenen Lebensweg und meine Vita in den Fokus dieses Buches zu rücken. Ich erzähle sie dir, weil ich fest daran glaube, dass es im Leben immer wieder darum geht, Verbindungen zu Menschen zu schaffen. Und zwar solche, die beide Interaktionspartner positiv bewegen und berühren. Aus ihnen ziehen wir Energie, Glück und Zufriedenheit. Sie machen den Unterschied zu alledem aus, was zunehmend austauschbar wird. In meinen Jahren als Führungskraft, Bühnenakteur sowie nun seit fast drei Jahren als selbstständiger Keynote-Speaker und Trainer treffe ich immer wieder auf Menschen, die einen Großteil ihrer Kraft daraus ziehen, andere zu bewegen und zu berühren – nicht zuletzt, weil dadurch etwas zu ihnen zurückkommt. Ob im Business-Kontext in Führung und (ehrlichem) Verkauf, im Vereinsleben, in freundschaftlichen Beziehungen oder in der Partnerschaft. Das, was den Menschen etwas gibt, ist das Spüren einer Verbindung, die auf beiderseitiger Wahrnehmung, Verständnis und Wertschätzung beruht. Andere bewegen und (dadurch) selbst bewegt werden.

Mit diesem Buch möchte ich auch ein leidenschaftliches Plädoyer für eine neue Betrachtungsweise von Beziehungen im Berufsalltag wie auch im Privaten halten. Die Perspektive der Resonanz richtet sich an all diejenigen, die daran interessiert sind, mit ihrem Gegenüber auf eine Wellenlänge zu finden und zwischenmenschliche Interaktion positiv zu gestalten. Dazu gehört auch eine bestimmte Haltung. Grundwerte wie Ehrlichkeit, Respekt und

Wertschätzung sollten dir am Herzen liegen. Denn sämtliche Inhalte und Techniken zielen nicht darauf ab, gezielt ein Verhalten zu erlernen mit dem Zweck, Menschen zu öffnen und deren Vertrauen für eigene Zwecke zu missbrauchen. Das Erreichen des Gegenübers und eine resonante Verbindung zu Menschen bedeutet auch immer Verantwortung. Wenn du in der Lage bist, das Vertrauen deiner Mitmenschen zu gewinnen, dann bist du in der Pflicht, sorgsam damit umzugehen. Resonanzkompetenz bedeutet Verantwortungsbewusstsein.

Bei der folgenden Reise in die Welt der zwischenmenschlichen Resonanz werden wir uns sowohl auf fachlich-wissenschaftliche Arbeiten aus den Bereichen der Psychologie und Soziologie stützen, als auch die Erlebniswelten und den Erlebniswert verschiedener Menschen – einschließlich meiner eigenen Person. Meine Impulse und Gedanken beziehen sich demnach zwar auf wissenschaftliche Grundlagen, vielmehr aber auf deren Wirkung und deren Anwendung in der täglichen Praxis in Beruf und Privatleben. Wissenschaftliche Aussagekraft ist mir wichtig, dennoch weiß ich als Vortragsredner und Trainer auch um den Wert von Geschichten und Erlebnissen. Für die Anwendung und Übertragung von Wissen in die eigenen Lebensbereiche braucht es beides: Wissenschaft für Evidenz und Erlebnisse für emotionale Ansteckung und Lust auf Ausprobieren. In diesem Sinne wünsche ich dir eine hoffentlich bewegende und inspirierende Lektüre.

Auf gute Resonanz.

Dein

Sören Flimm

1.
Unser Streben nach Resonanz

1.1 Gut klingen und gut schwingen

Resonanz ist eine Vokabel, die sicher jedem von uns im Leben schon einmal begegnet ist. Oft fällt sie im Zusammenhang beispielsweise mit bestimmten Veranstaltungen oder Werbemaßnahmen, die gute Resonanz erzielt haben. Oder auch bei Feedbacks von Kundinnen und Kunden, die eine positive Resonanz zu bestimmten Produkten beinhalten. Anhand dieser kleinen Alltagsbeispiele können wir den Kern von Resonanz bereits erahnen, es geht im Grunde um eine Aktions- und Reaktionsbeziehung: ein Unternehmen, welches ein Event plant (Aktion) und Menschen, die daran teilnehmen und möglicherweise sogar eine positive Rückmeldung dazu abgeben (Reaktion). Eine Mutter, die in ihrer Freizeit leidenschaftlich gern Kinderbekleidung näht und diese zum Verkauf anbietet (Aktion), welche wiederum andere Mütter so sehr anspricht, dass sie es kaum erwarten können, ihre Bestellung in Empfang zu nehmen (Reaktion). In beiden Beispielen könnten wir von guter Resonanz sprechen. Doch was verbirgt sich eigentlich hinter diesem Begriff? Dazu kann ich das Wissen aus dem jahrelangen Lateinunterricht nun endlich einmal einbringen: Schauen wir uns den Wortstamm von Resonanz an, so finden wir darin das Wort »sonos«, welches im Lateinischen so viel wie Klang oder auch Ton bedeutet. Nun weißt du, warum ein bekannter Hersteller von Lautsprechersystemen diesen Namen für sich verwendet. Wenn also sonos so etwas wie Klang bedeutet, ist der »re-sonos« eine Art Widerhall, der durch eben diesen Klang erzeugt wird. Das dazu passende Verb im Lateinischen bestätigt diese Annahme und Herleitung: resonare – widerhallen.

Daran und auch an den zuvor genannten Beispielen lässt sich bereits erkennen, dass es sich bei Resonanz um eine Art Antwortbeziehung handelt, die sich nicht erzwingen lässt. Denn selbst wenn ein Event noch so gut geplant ist, gibt dies keine treffsichere Einschätzung über eine hohe Besucherzahl. Und die selbst genähte Kinderbekleidung der Mutter kann noch so gut gemacht und präsentiert sein, sie bringt keine zuverlässig planbare Abnehmerschaft hervor. Man kann in beiden Fällen lediglich gute Voraussetzungen dafür schaffen, dass eine Art Resonanz entstehen kann. Darauf kommen wir später im Zusammenhang mit zwischenmenschlicher Resonanz noch zu sprechen.

In der Soziologie und Psychologie hat der Resonanzbegriff in den letzten Jahren enorm an Bedeutung gewonnen. Der in Deutschland zu diesem Thema führende Soziologe Hartmut Rosa hat in seinem Werk »Resonanz – Eine Soziologie der Weltbeziehung« dazu einen umfassenden Grundstein in der wissenschaftlichen Arbeit auf diesem Gebiet gelegt. Er unterscheidet gemeinsam mit anderen Forschern dabei grundsätzlich drei Ebenen von Resonanz: horizontale Resonanz (Mensch-zu-Mensch-Beziehung), diagonale Resonanz (Verbindung zu Dingen oder Sachen) sowie vertikale Resonanz, welche die Verbindung zu Übergeordnetem wie Religion oder Kultur beschreibt (Rosa 2016: 331). Als Sozialwissenschaftler umschreibt und unterlegt er diese drei sogenannten Resonanzachsen natürlich aus soziologisch-wissenschaftlicher Perspektive, auf die ich auch in dieser Lektüre punktuell gern Bezug nehmen möchte. Der Fokus dieses Buches richtet sich auf die sogenannte horizontale Resonanz, auf die zwischenmenschliche Beziehung. Nicht außer Acht lassen möchte ich jedoch, dass daneben auch andere Faktoren einen mitunter entscheidenden Einfluss auf das Entstehen einer resonanten Beziehung haben können. Man stelle sich beispielsweise vor, wie zwei hochempathische und wertschätzende Menschen inmitten einer kriegerischen oder toxischen Umgebung in Interaktion treten. Trotz ihrer sozialen Kompetenzen wird es schwerfallen, Resonanz entstehen zu lassen.

Resonanz kann grundsätzlich aus der Wahrnehmung mit all unseren Sinnen entstehen: sehen, hören, tasten, riechen und schmecken. Nehmen wir beispielsweise an, du gehst zu einem Konzert. Du siehst die großartige Performance des Künstlers und die feiernden Fans, du hörst die bewegende Musik, du ertastest die Mitmenschen in der Masse um dich herum, du riechst die Pyrotechnik und den konzerttypischen Geruch, und sogar das Bier schmeckt beim Konzert irgendwie anders als zu Hause. Aus diesen Wahrnehmungskanälen erwächst eine Art zusätzliche Sinneswahrnehmung, die ich als spüren oder auch fühlen bezeichnen möchte. Dir stellt sich ein gutes Gefühl ein. Äußere Eindrücke finden demnach den Weg in unser Innerstes und lösen ein bestimmtes Empfinden aus. Etwas bewegt uns. Du kennst sicher Metaphern wie »Das ging mir unter die Haut«, »Ich habe feuchte Augen bekommen« oder auch »Da hat mich etwas im Herzen erreicht«. An diesen drei beispielhaften Aussagen wird deutlich, dass es um ein inneres Bewegtwerden geht, was wir durchaus ganzheitlich in unserem Körper spüren.

Schauen wir uns die Beziehung zwischen Menschen an, könnte man demnach davon sprechen, dass es beim Entstehen von Resonanz darum geht, durch den oder die andere im Inneren bewegt zu werden. Dass es jemand durch seinen oder ihren »Klang« – hiermit meine ich sinnbildlich das gesamte Auftreten, die Wirkung, die Mimik, Gestik und Rhetorik eines Menschen – schafft, jemand anderen zum Schwingen zu bringen. Wann immer in diesem Buch in einem solchen Zusammenhang von »Klang« oder »klingen« die Rede ist, ist diese Definition gemeint.

In meinen Vorträgen und Trainings zeige ich zur Veranschaulichung dessen gern ein kleines Experiment: Stellt man zwei Stimmgabeln gegenüber und schlägt die erste an, beginnt die zweite unweigerlich und ohne weiteren äußeren Einfluss mitzuschwingen – vorausgesetzt, beide sind sprichwörtlich auf einer Wellenlänge. Mit dieser Wellenlänge meine ich in diesem Fall die physikalische Frequenz, auf der die Stimmgabeln schwingen. Das könnten beispielsweise 440 Hertz sein, das bedeutet, vierhundertvierzig Schwingungen pro Sekunde. Haben beide Stimmgabeln in diesem Fall eine Frequenz von 440 Hertz, stellt sich das zuvor beschriebene Phänomen ein: Die erste Stimmgabel klingt und schwingt und schafft es allein dadurch, die zweite ebenfalls in Schwingung zu versetzen. Und die zweite schwingt sogar weiter, wenn die erste angehalten wird – und umgekehrt. Wenn du magst, schaue dir im Netz auf gängigen Videoportalen dieses kleine physikalische Experiment gern einmal an. Es zeigt simpel und plakativ, was Resonanz bedeutet und wie sie im Grunde funktioniert.

In der zwischenmenschlichen Interaktion können wir daraus demnach zwei Ebenen ziehen: bewegen und bewegt werden. »Subjekte wollen Resonanzen gleichermaßen erzeugen wie erfahren.« (Rosa 2016: 270) Resonanz in der Mensch-zu-Mensch-Beziehung stellt sich dort ein, wo eine Art wechselseitiges Antwortverhältnis entsteht, dass beide Interaktionspartner in Schwingung versetzt. Wir wollen als Mensch also sowohl als erste Stimmgabel fungieren sowie auch als die zweite. Auf diese beiden Ebenen werden wir im Verlaufe dieses Buches noch tiefer eingehen. Das spannende daran ist, dass die Schwingung, welche die erste Stimmgabel erzeugt, die zweite Stimmgabel ebenfalls in Eigenschwingung versetzt, welche zur ersten Stimmgabel zurückkommt und diese wiederum stimuliert. Zur Veranschaulichung dessen wähle ich ein Beispiel aus meinem jahrelangen eigenen Erleben auf Konzertbühnen: Nehmen wir an, eine Bühnenperformance gilt als erste Stimmgabel. Dadurch schaffe ich es bestenfalls, das Publikum in Schwingung zu versetzen (zweite Stimmgabel). Und jetzt entsteht ein wundervolles Resonanzmomentum: Die Schwingung des Publikums kommt in Form leuchtender Augen, Mitsingen oder auch Beifall zu mir zurück – und bewegt mich selbst noch mehr. Sicher hast du Derartiges auch selbst schon erlebt: ein spannendes und bereicherndes Gespräch, dass beide Gesprächspartner bewegt und in Emotion versetzt. Oder auch ein Moment, in dem du anderen durch eine bestimmte Hilfeleistung etwas wirklich Gutes tust und der- oder diejenige es dir in Form einer echten Wertschätzung zurückgibt. Das sind schöne Resonanzmomente, die jeden Tag passieren können, wenn wir uns darauf einlassen – im Business wie privat. Übrigens gibt es keine negative Resonanz, diese würde man fachlich als Entfremdung oder Repulsion bezeichnen. Resonanz ist eine Art verbindender Beziehungsmodus, der entweder vorhanden ist, oder eben auch nicht.

Damit solche Momente überhaupt entstehen können, sollten ein paar Faktoren miteinander im Einklang stehen, die ich in diesem Buch näher beleuchten möchte. Eine gute Nachricht vorweg: Jeder im Grunde gesunde Mensch ist in der Lage dazu, andere durch emotionales und empathisches Empfinden zu verstehen und zu bewegen – Menschen in ihren Gefühlen, Überzeugungen und Werten zu erkennen und eine Verbindung zu ihnen aufzubauen. Neben unserem kognitiven sozialen Verhalten unterstützt uns ein wundervolles neurobiologisches System dabei, welches wir alle in uns tragen: Spiegelneuronen. Dieses System sorgt dafür, dass wir mit unserem Gegenüber Gefühls- und informelle Austauschvorgänge ermöglichen können. Der deutsche Psychologe Joachim Bauer hat dieses Phänomen eindrucksvoll erklärt und in seinen Arbeiten anhand verschiedener Forschungsergebnisse unterlegt. Er formuliert es wie folgt: »Die Fähigkeit des Menschen zu emotionalem Verständnis und Empathie beruht darauf, dass sozial verbindende Vorstellungen nicht nur untereinander ausgetauscht, sondern im Gehirn des jeweiligen Empfängers auch aktiviert und spürbar werden können. Es muss demnach ein System wirksam sein, dass den Austausch von inneren Vorstellungen und Gefühlen bewerkstelligen und außerdem die ausgetauschten Vorstellungen im Empfänger zur Resonanz, also zum Erklingen, bringen kann. [...] Wie sich herausgestellt hat, ist das System der Spiegelneuronen das neurobiologische Format, dass diese Austausch- und Resonanzvorgänge möglich macht. [...] Menschen leben in einem gemeinsamen, zwischenmenschlichen Bedeutungsraum, der es uns ermöglicht, die Gefühle, Handlungen und Absichten anderer intuitiv zu verstehen.« (Bauer 2006: 17f.)

Saß dir schon einmal ein dir grundsätzlich sympathischer Mensch gegenüber und musste gähnen? Falls du das Gähnen unbedacht erwidert hast, herzlichen Glückwunsch: Du hast funktionierende Spiegelneuronen. Tatsächlich ist das Spiegelneuronen-System unter anderem für derartige Gähn-Erlebnisse, die wir alle kennen, verantwortlich – wenngleich Gähnen nicht unbedingt immer ein guter Indikator für Resonanz ist. In dem späteren Kapitel 1.4

»Resonanz aus psychologischer Sicht« gehe ich darauf noch etwas näher ein. Doch unabhängig davon, wie viele Spiegelneuronen du hast oder nicht, ob sie wirklich existieren oder die Forschung auf einem Irrweg ist – wir sind uns sicher darin einig, dass wir andere Menschen ohne eine Form von Kognition wahrnehmen und erkennen können. Dass wir Sympathien und Antipathien für Menschen haben, ohne dass wir gezielt darüber nachdenken. Ob wir mit dieser Einschätzung jeweils richtig liegen oder sie ein Vorurteil darstellt, ist eine andere Frage. Menschen sind in der Lage, andere Menschen auf verschiedenen Kanälen intuitiv zu erspüren und eine Verbindung herzustellen, wenn wir ihnen unsere Aufmerksamkeit schenken. Unabhängig von der neuronalen Hardwareausstattung kann Resonanzkompetenz im Grunde jeder erlernen. Das wird manchen etwas leichter fallen als anderen, so wie auch beim Musizieren, beim Sport, beim Lernen und allen anderen Dingen, die man sich aneignen möchte. Wenn ein wahrhaftiger Wille und die notwendige Haltung darauf vorhanden sind, steht zwischenmenschlicher Resonanz kaum etwas im Wege.

Kurze Zusammenfassung dieses Kapitels
Zwischenmenschliche Resonanz gilt als Beziehungsverhältnis, welches darauf aus ist, andere zu bewegen und (dadurch) selbst bewegt zu werden. Es lebt von der Antwort und von Reaktion genauso wie von Ehrlichkeit, Empathie und einem Werte schätzenden Miteinander.

1.2 Relevanz von Resonanz

Nun könnte man meinen, insbesondere die zwischenmenschliche Resonanz ist etwas, was man als Nice-to-have bezeichnen könnte. Schließlich kommt man bestimmt auch einigermaßen gut durch das Leben, ohne wirkliche Resonanzbeziehungen zu anderen Menschen aufzubauen. Es gibt schließlich auch noch materielle Dinge oder besondere Orte, die einen bestimmt in ausreichende Schwingung versetzen. Ein Trugschluss, wie sich im Folgenden zeigt. Führende Psychologen und Psychoanalytiker bezeichnen soziale Resonanz als eine Art »lebensnotwendigen Sauerstoff« (Kohut 1987). Diese Lebensnotwendigkeit beginnt bereits mit unserer Geburt: Wir kommen auf die Welt und haben keine Ahnung darüber, wer wir selbst sind, wie die Welt ist, wie Dinge funktionieren und wie wir uns verhalten sollen, um in dieser Welt überleben zu können. Antworten auf diese beispielhaften Fragen liefern uns fast ausschließlich Resonanzerfahrungen mit den für uns wichtigen Personen in unserem Umfeld. »Das Kleinkind entwickelt einen Sinn für das eigene Selbst über Resonanzprozesse durch den Blick und das Lächeln der Mutter (oder eines signifikanten anderen), und es »misst« das Ausmaß seines Schmerzes nach einem Sturz nicht zuletzt an den emotionalen beziehungsweise mimischen und gestischen Reaktionen der begleitenden Erwachsenen. Subjektwerdung vollzieht sich auf diese Weise aus einem [...] Resonanzfeld, aus dem heraus sich die Einsozialisation in die Welt und die Entwicklung der Sprach- und Gefühlsfähigkeit entfalten.« (Rosa 2016: 257) Führende Neurobiologen und Psychologen gehen davon aus, dass Kleinkinder bereits in einem Alter von wenigen Tagen eine Art Resonanzfähigkeit entwickeln, aus der sie durch Beobachtung ihres Gegenübers Rückschlüsse für ihr eigenes Verhalten ziehen, nicht zuletzt durch Imitation und Spiegelung. Mit zwei Monaten seien Kleinkinder laut Säuglingsforschern bereits darum bemüht, eine gefühlsmäßige Abstimmung beziehungsweise Übereinstimmung mit der Mutter zu erreichen (Bauer 2006: 67). Ein zwar moralisch fragwürdiges aber gleichermaßen eindrucksvolles Experiment, welches als Still-face-Experiment bekannt geworden ist, kam zu folgendem Ergebnis: In einer Studie wurden Mütter gebeten, ihrem Baby über den Versuchszeitraum hinweg eine mimische, gestische und emotionale Reaktion gänzlich zu verweigern. Das Kleinkind wandte sich irritiert ab und zog sich im Folgenden emotional immer weiter zurück.

Die Fähigkeit zur Empathie für andere entwickelt sich bei Kindern in der Regel zwischen dem zweiten und dritten Lebensjahr. So können Kinder in diesem Alter beispielsweise intuitiv erspüren, wenn es der Mutter oder dem Vater emotional nicht gut geht und reagieren entsprechend darauf. Was in frühester Kindheit beginnt, setzt sich im späteren Alter und auch in der Jugend fort: Wir ziehen Annahmen über unser Selbst zum größten Teil daraus, wie andere auf uns reagieren. Wir sind sozusagen auf eine Rückmeldung durch andere Menschen angewiesen, daraus leiten wir Großteile unserer eigenen Persönlichkeit und unseres Selbstbewusstseins ab (Bauer 2006: 90). Wir kennen das alle insbesondere aus unserer Jugendzeit: Wir verhalten uns mehr oder minder stark abhängig davon, wie aus unserer Sicht angesagte Mitschüler auf uns und auf die Welt reagieren. Und um »dazuzugehören«, eifern wir derartigen Ansichten nach. Unser gesamtes Leben lässt uns dieses Grundbedürfnis nach Resonanz nicht los – natürlich in unterschiedlicher Ausprägung bei den Menschen. Auch im Erwachsenenalter wollen wir von aus unserer Sicht wichtigen Menschen erkannt und verstanden werden. Hier ist nicht nur der Partner oder die Partnerin zu nennen, sondern bisweilen auch der oder die Vorgesetzte sowie Menschen, zu denen wir aufschauen und deren Meinung oder Reaktion uns wichtig sind. Ein solches Verhalten ist die Folge eines tiefen biologischen und natürlichen Bedürfnisses nach Resonanz.

Sämtliche Mode- oder Konsumtrends sind beispielsweise auch darauf zurückzuführen. Wir wollen im Kontext der Gesellschaft dazugehören und richten unser Selbst zu weiten Teilen danach aus, um hier wahrgenommen, erkannt und verstanden zu werden. Hierbei geht es nicht immer bloß um Anerkennung (die jeder Mensch gut findet und danach strebt), sondern im Kern um eine eben solche Wahrnehmung und um ein Erkanntwerden. An diesen Zeilen spürst du sicherlich bereits, welch unglaublich große Verletzungsgefahr in unser aller Resonanzbedürfnis steckt. Denn trifft unsere »natürliche Resonanzerwartung auf Beziehungslosigkeit, verletzt uns das tief.« (Joachim Bauer, deutscher Psychologe) Daher gilt beispielsweise Mobbing als eine Art Resonanzverweigerung, weil hierbei einem Menschen auf sehr verletzende Weise aufgezeigt wird, dass er oder sie eben nicht erkannt und verstanden wird. Er oder sie bekommt das Gefühl, nicht dazuzugehören und schlimmer:

nicht gemocht zu werden. Wer nun glaubt, es könne härter nicht kommen, der irrt. Noch fataler als Mobbing, wobei ein Mensch (ich weiß, das klingt nun merkwürdig) wenigstens eine schmerzhafte Reaktion von anderen wahrnimmt, ist Zurückweisung und Nichtbeachtung. Hartmut Rosa beschreibt es wie folgt: »Verlacht, verhöhnt, verspottet, abgewertet zu werden, zählt zu den schmerzhaftesten Formen der Repulsion; gar nicht erst wahrgenommen oder gesehen, ja übersehen zu werden oder unsichtbar zu sein, [...] kann freilich noch gravierendere Folgen zeitigen.« (Rosa 2016: 336) Das Gravierendste und Existenziellste, was wir einem Menschen antun können, ist ihn oder sie wie Luft zu behandeln und nicht wahrzunehmen. Das ist die härteste Form davon, wenn natürliche Resonanzerwartung auf Beziehungslosigkeit trifft. Und das betrifft alle Phasen unseres Lebens, vom Kindesalter bis ins Erwachsenendasein. Stellt das Kind zu Hause etwas an, was es im Grunde nicht tun soll, ist es die schmerzhafteste Bestrafung, es in der Folge zeitweise nicht mehr zu beachten. Den Transfer in die Erwachsenenwelt habe ich in meinem nahen Umfeld erlebt: Eine gute Bekannte wollte ihr Unternehmen verlassen, um persönlich andere Wege zu beschreiten. Sie war in ihrer Organisation bis dato sehr erfolgreich und durfte bereits in jungen Jahren viel Verantwortung übernehmen. Sie rechnete in der Folge der Kündigung mit einem Gespräch, in dem sie nach Beweggründen gefragt würde oder in dem sie sich sogar für diesen Schritt rechtfertigen oder erklären sollte. Sogar mit Beschimpfungen rechnete sie. Womit sie nicht gerechnet hatte ist, dass es seitens der Geschäftsführung keine Reaktion auf die Kündigung gab, außer deren formelle Bestätigung. Trotz dass sie sich für einen anderen Berufsweg entschieden hatte und ein Ende der beruflichen Beziehung zum Unternehmen in fester Aussicht stand, tat ihr diese Form der Beziehungslosigkeit so weh, dass sie mental, emotional und sogar körperlich damit noch einige Wochen zu kämpfen hatte. Auch neurobiologisch ist ein solcher Schmerz erklärbar, denn physischer und sozialer Schmerz lösen in unserem Gehirn tatsächlich sehr ähnliche oder sogar identische Reaktionen und Aktivierungen aus (Rosa 2016: 258).

Du spürst, wie zentral und wichtig Resonanzerfahrungen mit anderen Menschen in unser aller Leben sind und wie verletzend es sein kann, wenn wir zurückgewiesen oder nicht erkannt werden. Letzteres muss ja nicht einmal aus Absicht oder Vorsatz passieren. Im Zweifel wusste es der Verursacher in jenem Moment nicht besser oder es war ihm oder ihr gar nicht bewusst. Ich glaube tatsächlich, in den seltensten Fällen ist eine Nichtbeachtung oder ein Übersehen pure Absicht. Wir kennen alle die Situation aus Filmen, in der das Mädchen gar nichts davon wusste, dass ihr bester Freund sich in sie verliebt hat (kann natürlich auch umgekehrt der Fall sein). In diesem Fall spürt er eine Resonanzverweigerung, die ihr aber weder bewusst ist noch absichtlich passiert. Auch im Business-Kontext kann das schnell der Fall sein: In Zeiten des non-territorialen Arbeitens, in denen viele Mitarbeitende von überall aus ihre Arbeit verrichten können, ist es schnell passiert, dass sie sich nicht gesehen fühlen. Wie soll das auch der Fall sein, wenn beispielsweise eine Mutter halbtags von zu Hause aus in einem Callcenter mitarbeitet. Die Vorteile dieser Arbeitsform liegen in diesem Beispiel klar auf der Hand, aber die Nachteile geben sich schwer zu erkennen. Wie soll sie eine Verbindung zu ihrem Unternehmen spüren? Wie wird sie von ihrem Vorgesetzten erkennbar wahrgenommen? An welchen Stellen hat sie die Chance, echte Resonanz in ihrer Tätigkeit zu spüren? Entwickelt sich daraus eine Art Beziehungslosigkeit zum Unternehmen, ist das in den seltensten Fällen aus purer Absicht des Vorgesetzten oder der Organisation geschehen. Nicht zuletzt ist Resonanzlosigkeit der Kündigungsgrund Nummer eins, wie Studien dazu belegen. In dem späteren Kapitel 3.4 »Resonanz im Business« gehe ich darauf noch näher ein. So viel vorweg: Ich bin der festen Überzeugung, dass die Qualität des Erfolges im Business überall dort, wo wir es mit Menschen zu tun haben – insbesondere in Führung und Verkauf – entscheidend davon abhängt, wie sehr sich die Menschen erkannt, verstanden und bewegt fühlen. Keine Unternehmensphilosophie, keine Führungsleitlinie, kein Verkaufsprozess, kein Changemanagement dieser Welt kommt an ihr Ziel, wenn diese Dinge nicht in der Mensch-zu-Mensch-Beziehung ehrlich und authentisch erlebbar werden. Dazu später mehr.

Auch die Corona-Jahre haben uns auf schmerzhafte Art und Weise gezeigt, wie groß unser Resonanzbedürfnis gegenüber anderen Menschen ist – und wie sehr wir insbesondere emotional darauf angewiesen sind. Die Sehnsucht danach, geliebte Mitmenschen auch körperlich wieder wahrzunehmen und zu spüren, hat viele Menschen sehr viel Energie gekostet. Auch die fehlende Verbindung zu sozialen Gruppen – von der Stammtischrunde, über das Vereinsleben, Konzerte und Theater, bis hin zum Arbeitsplatz – war für viele schwer zu verdauen. Wir Menschen sind von Natur aus auf soziale Verbindung hin gepolt. Ob privat oder am Arbeitsplatz: Es hat größte Relevanz für uns, andere in Schwingung zu versetzen und selbst in Schwingung versetzt zu werden.

> **Kurze Zusammenfassung dieses Kapitels**
> Wir Menschen haben ein natürliches und biologisches Bedürfnis nach sozialer Resonanz, welches von den ersten Kindertagen an bis in das hohe Erwachsenenalter andauert. Die Verweigerung von Resonanz oder auch Beziehungslosigkeit können uns tief verletzen – ob absichtlich oder unabsichtlich herbeigeführt. Zwischenmenschliche Resonanz gilt daher als eine Art »emotionaler Sauerstoff« – im Business wie privat.

1.3 Womit wir resonieren

Bereits im ersten Kapitel habe ich auf Basis der Untersuchungen und Ausführungen des Soziologen Hartmut Rosa aufgezeigt, dass wir nicht nur mit anderen Menschen in Resonanzbeziehung treten können, sondern auch mit Sachen, Tieren, Dingen, Orten, Politik oder Religion (horizontale, diagonale und vertikale Resonanz). Mir selbst geht es beispielsweise immer wieder so, wenn die Firma Apple ein neues Gerät auf den Markt bringt, trete ich in diagonale Resonanzbeziehung dazu – es versetzt mich, ohne darüber nachzudenken, in Schwingungen. Was ich hier mit einem Augenzwinkern formuliere, kennst du sicherlich ebenfalls aus deinem eigenen Erleben. Auch bestimmte

Orte können uns in positive Schwingungen versetzen. Nicht selten kann man das in einem solchen Fall auch nicht immer an etwas Bestimmtem festmachen. Man spürt einfach eine bereichernde Verbindung zu bestimmten Orten, die unabhängig von beispielsweise Materiellem stattfindet. So fühlen wir uns an bestimmten Urlaubsorten beispielsweise unglaublich wohl und wissen gar nicht so recht, warum das so ist. Das kann in einem solchen Fall sogar den Unterschied zwischen dem eigenen Haus und dem Zuhause ausmachen, wobei dieser Unterschied natürlich auch von anderen Resonanzachsen aus beeinflusst werden kann. (Rosa 2016: 331)

Demnach schwingen wir mehr oder weniger erst einmal mit allem mit, was sich den Weg in unsere Wahrnehmung bahnt. Wir können uns das als eine Art WLAN vorstellen, was versucht, permanent Verbindungen herzustellen. Andere Menschen nehmen wir beispielsweise immer automatisch wahr, wenn sie sich in unser Blickfeld begeben. Ob wir ihnen Aufmerksamkeit schenken, ist zunächst eine andere Frage. Oft passiert das ganz unterbewusst.

In einem informationsüberladenen Alltag sollten wir demnach ein gewisses Gespür dafür entwickeln, an welchen Stellen eine Verbindung zu anderen Menschen oder bestimmten Dingen positive Schwingungen hervorbringen kann und an welchen Stellen uns die verursachten Schwingungen auch Energie kosten können. Hierzu fällt mir als klassisches Beispiel die morgendliche Nachrichtensendung ein. Je nach Sender ist die Berichterstattung mal kritisch, mal überkritisch und mal hysterisch – mit allem, was es dazwischen noch gibt. So kann es passieren, dass uns eine bestimmte Berichterstattung in eine Schwingung versetzt, die sich in unserer Stimmung oder auch in Emotionen niederschlägt. Da so etwas nahezu »automatisch« geschieht, solltest du ein eigenes Bewusstsein und deine eigene Entscheidung darüber finden, wen und was du den Weg in dein Innerstes finden lässt. Hier gibt es kein richtig und kein falsch, sondern nur ein persönliches Bewegtwerden und eine Art Resonanzfilter, der sich von Mensch zu Mensch unterscheidet.

An dieser Stelle möchte ich dir einen Impuls geben, der über soziale Resonanz hinausgeht. Ich hatte bereits angesprochen, dass auch die Umgebung eine nicht unerhebliche Rolle im Zustandekommen zwischenmenschlicher Beziehung spielt. Insbesondere im Business-Kontext stelle ich leider immer wieder fest, dass dieser Faktor noch immer nicht allen bewusst ist. Überall dort, wo man Menschen (hoffentlich ehrlich) gewinnen will, sollte eine resonanzfördernde Umgebung auch darauf einzahlen. Das gilt in Führung genauso wie im Verkauf. Es nützt wenig, wenn wir Kundinnen und Kunden zwar empathisch begegnen, aber die Raumatmosphäre an ein kühles (das meine ich nicht im Sinne der Temperatur) und in die Jahre gekommenes Verwaltungsbüro erinnert. Genauso wenig werden sich Mitarbeitende dem oder der Vorgesetzten gegenüber nur erheblich schwerer öffnen, wenn der Raum hellhörig oder gar trist wirkt. Insofern dürfen wir bei aller sozialen Kompetenz immer daran denken, dass auch die räumliche Umgebung eine Auswirkung auf die Entstehung von Resonanzbeziehungen hat. Gehe einmal aufmerksam durch die Räume in deiner Organisation, in denen zwischenmenschliche Resonanz Einzug finden soll. Schnell wirst du ein Gespür dafür entwickeln, was du tun kannst, damit Menschen sich dort wohler fühlen und es ihnen leichter fällt, sich in Resonanz zu begeben. Oft sind das Kleinigkeiten, die für ein besseres Wohlbefinden, Gemütlichkeit und Verbindung sorgen, anstatt große und pompöse Umbauten.

Kurze Zusammenfassung dieses Kapitels

Unser Resonanzradar läuft permanent, insbesondere wenn Menschen in unser Wahrnehmungsfeld treten. Wir sollten daher ein Gespür dafür entwickeln, wo uns eine verbindende Beziehung gut tut und wo möglicherweise nicht. Das lässt sich an einem möglichst ausgewogenen Verhältnis zwischen bewegen und bewegt werden festmachen. Auch die räumliche Umgebung hat Auswirkungen auf das Entstehen von Resonanz.

1.4 Resonanz aus psychologischer Sicht

Unsere neuronale Resonanz-Hardware

Im Eingangskapitel dieses Buches bin ich bereits kurz auf die psychologische und neurobiologische Ebene von Resonanz eingegangen. Sie ist aus meiner Perspektive in Grundzügen wichtig zu begreifen, da sie zu einem besseren Selbstverständnis sowie auch zu einer gesteigerten Verständnisfähigkeit unseres Gegenübers beiträgt. Das sogenannte System der Spiegelneuronen scheint uns nach gängiger Forschung in sozialen Beziehungen eine emotionale, empathische und intuitive (An-)Teilnahme zu ermöglichen. Die Entdeckung dieser Nervenzellen in den 1990er-Jahren gilt als eine der bedeutendsten in der neurowissenschaftlichen Forschung. Sie geht zurück auf ein bekannt gewordenes Experiment des Forscherteams rund um den italienischen Neuropsychologen Giacomo Rizzolatti. Die Gruppe hatte die Hirnaktivität von Affen – deren Gehirne sich denen von uns Menschen ähneln – unter schmerzfreien Bedingungen mithilfe besonders feinfühliger Messgeräte beobachtet. Sie gaben einem Affen eine Erdnuss und konnten sehen, wie bestimmte Hirnareale – sogenannte Handlungsneurone – immer nur dann ihre Aktivität aufnahmen, wenn der Affe nach der Erdnuss griff. Nicht, wenn er sie bloß beobachtete oder die Hand danach ausstreckte. Die Neurone wurden erst und auch nur dann aktiv, wenn der Affe die Erdnuss in seine Hand nahm. Auch bei völliger Dunkelheit war diese Art neuronaler Handlungsplan festzustellen. Nun kommt das Erstaunliche: Genau diese Handlungsneurone sprangen auch dann an, wenn ein Affe die Handlung »Greife nach der Nuss« bei einem anderen Affen beobachtete. Es war eine Sensation für die Forscher. Das bedeutet: Ob wir selbst eine bestimmte Handlung ausführen oder sie bei anderen beobachten, kann in unserem Gehirn sehr ähnliche oder gar gleiche neuronale Reaktionen auslösen (Bauer 2006: 25 f.). In den Folgejahren fand zahlreiche Forschung auf diesem Gebiet statt, die diese Art neuronaler Resonanz belegte.

Ein zuvor bereits bekannt gewordenes Experiment zahlte ebenfalls darauf ein. An der Universität Uppsala in Schweden legte der Psychologe Ulf Dimberg folgenden Versuch an: Man zeigte Testpersonen auf einem Bildschirm die Gesichter verschiedener Menschen für jeweils fünfhundert Millisekunden lang. Über eine Messung beobachtete man insbesondere den Lächelmuskel an der Wange sowie den Ärgermuskel an der Stirn der Probanden. Die Versuchspersonen wurden vorab gebeten, beim Anblick der Gesichter möglichst neutral zu bleiben. Dann startete die Fotoshow. So lange das Gesicht, welches sie jeweils auf dem Bildschirm erblickten, ebenfalls neutral war, fiel es ihnen nicht schwer, ebenfalls neutral zu bleiben. Als allerdings lächelnde Gesichter zu sehen waren, auch wenn nur für fünfhundert Millisekunden, sprang der Lächelmuskel der Probanden nahezu automatisch an. Selbst wenn sie sich dagegen wehrten, sie konnten nicht anders. Mit ärgerlichen oder verstimmten Gesichtern passierte das gleiche am Ärgermuskel an der Stirn. Erst wenn ihnen danach kognitiv klar wurde, dass der Lächelnde ein Massenmörder ist, konnten sie ihr eigenes Lächeln wieder »einfangen« (Bauer 2006: 13 f. sowie Rosa 2016: 253).

Mit dem Lesen und Deuten von Gesichtszügen beschäftigt sich das große Feld der sogenannten Mimikresonanz. Hier geht es im Kern darum, anhand derartiger intuitiven Gesichtszüge Ableitungen zum inneren emotionalen Zustand des Gegenübers zu gewinnen. Im erweiterten Bereich nicht nur anhand der Mimik, sondern des gesamten Auftretens von Personen. Ich fokussiere mich zu diesem Themengebiet in diesem Buch darauf, ein Grundverständnis für den sehr engen Zusammenhang zwischen emotionalem Erleben und mimischer und gestischer Reaktion sowie die beispielsweise direkte Hirn-zu-Lachmuskel- oder auch Hirn-zu-Ärgermuskel-Verbindung zu schaffen, welche ohne kognitives Zutun stattfindet. Das funktioniert im Übrigen auch umgekehrt: Beim sogenannten Embodiment lassen sich der Gefühlswelt über bewusste körperliche Handlungen ebenfalls Signale senden. Schon eine bewusste, aufrechte Körperhaltung kann dafür sorgen, dass du dich energetischer fühlst – probiere es gern einmal aus.

Kommen wir zurück zu unseren Spiegelneuronen und deren Fähigkeit zur intuitiven Angleichung beziehungsweise Synchronisation mit unserem Gegenüber: Solche Arten von Spiegelungen, welche sich im Übrigen durch gegenseitige Sympathie füreinander enorm verstärken, kennen wir alle aus unserem Alltag. Das klassische Beispiel des Gähnens hatte ich bereits erwähnt. Ähnlich verhält es sich beispielsweise bei der Beobachtung von folgenden Situationen bei unserem Gegenüber: das Beißen in eine Zitrone, ein sehr schmerzhafter körperlicher Vorfall, ein Sich-übergeben-Sehen, jemand berichtet eindrucksvoll vom Bohrvorgang beim letzten Zahnarztbesuch. In all diesen beispielhaften Situationen spüren wir selbst emotionale und sogar körperliche Reaktion durch bloße Beobachtung unseres Gegenübers. Solche Spiegelungen und emotionale Ansteckungen kennen wir auch aus Gesprächen mit unseren Mitmenschen. Jemand berichtet dir enthusiastisch und begeistert von seinem aktuellen Gartenprojekt oder dem neuen Auto, welches bald geliefert wird. Du kennst das sicher, dass sich in einem solchen Fall die positiven Emotionen deines Gegenübers regelrecht auf dich übertragen können, du »schwingst« mit. Gleiches gilt für beispielsweise eine traurige Situation. Umgeben wir uns mit trauernden Menschen, kann es mitunter dazu kommen, dass auch das Gegenüber diese Art mentaler und sogar körperlicher Schmerzen spürt. Vorausgesetzt, diese beiden Menschen haben eine gute Verbindung und resonante Beziehung zueinander. Das geht sogar so weit, dass bei Menschen, die einander sympathisch sind, sich sogar der Herzschlag angleichen kann. Es finden Spiegelungen und Synchronisationen statt, welche nicht nur durch gefühlsmäßige, sondern auch durch elektrophysiologische Reize unserer Nervenzellen im Gehirn des anderen hervorgerufen werden können. Studien aus der elektrophysiologischen Forschung bestätigen diese These.

Derartige Spiegelungsvorgänge und emotionalen Ansteckungen helfen uns gemeinsam mit unserem kognitiven System, Vorstellungen über Absichten und Bedürfnisse unseres Gegenübers zu gewinnen. Fachleute nennen die

Kombination und Funktionsweise dieser beiden Systeme »Theory of Mind«. Als klassisches Beispiel dafür ziehen Experten eine Alltagssituation in einer Fußgängerzone heran: Wir spüren intuitiv, wohin wir ausweichen müssen, ohne mit jemand anderem zu kollidieren. Diese Art der Intuition setzt sich aus mentalem Erspüren und kognitivem Zutun zusammen. Wenn du dir selbst diese Situation vor Augen hältst oder sie sicher sogar schon selbst erlebt hast, wirst du nun einwenden, dass das nicht immer funktioniert. Wir kennen alle den Moment, wenn wir jemandem in einer vollen Fußgängerzone oder in einem vollem Bahnhof ausweichen wollen und derjenige weicht in die gleiche Richtung aus wie wir. Meist wiederholt sich dieses Spielchen dann sogar zwei- bis dreimal. Der Grund dafür kann sicherlich in der mentalen Spiegelung des anderen liegen. Viel wahrscheinlicher ist jedoch, dass unsere »Theory of Mind« in diesem Moment nicht richtig funktioniert hat. Und hier kommen wir zu dem, was die Handlungsfähigkeit unserer Spiegelneuronen enorm einschränkt: Angst und Stress. Denn oft passieren solche Beinahe-Zusammenstöße, wenn mindestens einer der beiden gerade mit etwas anderem beschäftigt ist, als seine oder ihre Umwelt wahrzunehmen. Vielleicht der Blick auf das Smartphone oder ein Telefonat, was man gerade führt. Vielleicht aber auch einfach nur ein gestresster Grundzustand, weil man zu spät kommt, einen vollen Terminkalender hat oder der Anschlusszug abzufahren droht. Angst und Stress setzen unserem System der Spiegelneuronen enorm zu, denn die in einem solchen Zustand ausgeschütteten Hormone Adrenalin und Cortisol blockieren die Funktionstüchtigkeit unter anderem unserer Spiegelnervenzellen – sie können sogar Nervenzellen abtöten (Bauer: 2006 39 f.). Das ist mitunter ein Grund, warum echte Resonanz nicht »zwischendurch« funktioniert.

Wollen wir unser Gegenüber erkennen und verstehen, brauchen wir demnach nicht bloß bewusste Aufmerksamkeit, sondern auch möglichst wenige Stress verursachende Störfaktoren, die unserer neuronalen Hardware zusetzen.

» Die Feinde von Resonanzfähigkeit sind Angst und Stress. «

Ich hatte bereits erwähnt, dass wir von Geburt an eine Grundausstattung an Spiegelnervenzellen in uns tragen. Im Verlaufe des Lebens prägen sich diese bei bestimmten Menschen mehr aus als bei anderen. Das liegt mitunter an unserem persönlichen sozialen Umfeld sowie unserem individuellen Lebensweg, den wir beschreiten. Das wunderbare ist, dass sie sich trainieren lassen, ähnlich wie ein Muskel. Wie kann man das schaffen? Indem man beispielsweise Menschen beobachtet, die über eine anscheinend hohe Ausstattung darüber verfügen. Umgebe dich mit Menschen, die du für empathisch und sozialkompetent hältst und richte deine Wahrnehmung darauf, wie sie diese Fähigkeiten einsetzen. Tauscht euch über euer individuelles Erleben von Situationen aus und reflektiert insbesondere die Wahrnehmung eures Gegenübers. Hierbei geht es nicht um Bewertungen oder Lästereien, sondern um das Teilen bloßer Beobachtungen. Denn durch Beobachtung und Nachahmung lernt man selbst, wie wir aus unserer Kindheit wissen. Sollte dir niemand einfallen, den du für einen solchen Austausch gewinnen kannst, ziehe deinen Partner oder deine Partnerin oder einen guten Freund oder Freundin zurate.

Nehmt euch einen Augenblick Zeit und begebt euch an einen Ort, wo ihr (unbemerkt) Menschen beobachten könnt. Achtet bitte darauf, dass ihr bei eurem Spiegelneuronen-Training unbeobachtet bleibt, denn es könnte bei anderen für große Irritation oder sogar Ärger sorgen. Und nun redet darüber, wie ihr andere Menschen wahrnehmt: Gesichtszüge, Gestik, Körperhaltung, Rhetorik, Sozialverhalten – alles, was ihr so beobachten könnt. Und nun gleicht eure Eindrücke ab, sprecht darüber. Es geht nicht darum, was richtig und was falsch ist, sondern darum, was ihr individuell wahrnehmt. Solltet ihr euer Training nicht in der Öffentlichkeit abhalten wollen, empfehle ich das gemeinsame Schauen von Dating-Sendungen. Und zwar solche, in denen in einer Art blind-date zwei Menschen einen netten Abend verbringen, um in der Folge zu entscheiden, ob sie sich wiedersehen wollen. Bei solchen Formaten könnt ihr eure Beobachtungs- und Auffassungsgabe wundervoll stärken und ihr werdet feststellen, dass ihr ein immer schnelleres Gefühl dafür bekommt, ob es zwischen den beiden Protagonisten wohl am Ende zum zweiten Date kommt oder nicht. Ihr werdet spüren, dass ihr immer schneller und treffsicherer in eurer Einschätzung werdet, ohne dass ihr diese an ganz bestimmten Faktoren festmachen könnt. Ihr verlasst euch auf eure eigene »Theory of Mind«.

Resonanz aus verhaltenspsychologischer Sicht: Interview mit Diplom-Psychologe Rolf Schmiel

Neben der neuropsychologischen Perspektive möchte ich in diesem Kapitel auch der verhaltenspsychologischen Perspektive Rechnung tragen. Hierfür konnte ich einen sehr geschätzten Kollegen zu einem kleinen Interview gewinnen. Der renommierte und aus dem Fernsehen bekannte Psychologe Rolf Schmiel hat sich meinen Fragen zu diesem Thema gestellt. Er liefert wertvolle Impulse aus Perspektive des Psychotherapeuten sowie aus seiner jahrzehntelangen Erfahrung als gefragter Berater und erfolgreicher Keynote-Speaker. Wir sprechen über seine Haltung zum Thema »Resonanz«, deren Wirkungsfelder in der Arbeit mit Menschen und über Gefahren, die aus Resonanzkompetenz erwachsen. Wir streifen dabei verschiedene Gebiete der zwischenmenschlichen Resonanz, auf die ich im späteren Verlauf dieses Buches noch tiefer gehend Bezug nehmen werde.

> **Tipp:** Falls du mehr über Rolf Schmiel und seine Arbeit erfahren möchtest, lege ich dir seinen Podcast sowie sein Buch »Psychohacks für ein glückliches Leben« ans Herz.

Rolf: »Ich liefere dir jetzt eine Steilvorlage als Einstieg, als These: Das Wissen um Resonanz ist wertvoll, das Anwenden von Resonanz macht den Unterschied. Das heißt also, die Resonanzkompetenz ist das, was uns wirklich weiterbringt. Ganz häufig bei vielen Dingen, die ich beobachte, auch bei Psychologie, haben wir das gleiche Phänomen: Ich kenne so viele Leute, die ich immer als ›schlecht gelaunte Intellektuelle‹ beschreibe, die sich seit Jahrzehnten mit Psychologie, Psychoanalyse, mit Freud, mit allem, was dazu gehört, mit unterschiedlichsten Schulen der Therapieform beschäftigen. Aber in ihren Lebensalltag bauen sie nicht ein minimales Prinzip ein, sondern sinnieren nur auf einer Metaebene darüber. Und sie geben anderen Impulse oder schätzen andere gut ein, wachsen aber selbst nicht in ihre psychologische Handlungsintelligenz hinein. Und das ist mir bei dem Thema ›Resonanz‹ wichtig. Das als erstes Plädoyer.«

Sören: »Danke für diesen leidenschaftlichen und inspirierenden Einstieg, lieber Rolf. Ich habe ganz viel über das Thema ›Resonanz‹ in der psychologischen oder auch psychotherapeutischen Perspektive gelesen. Verschiedene Autoren haben beschrieben, dass Resonanz oder Resonanzkompetenz, wie du sagst, gerade im psychotherapeutischen Kontext so sehr wichtig ist, weil der Patient oder Ratsuchende in dem Fall ja manchmal gar nicht zu Wort bringen kann, was ihn oder sie bedrückt oder auch bewegt. Und dann ist es ja die große Aufgabe desjenigen, der begleitet, des Therapeuten beziehungsweise des Psychologen, sich in den anderen einzufühlen, um überhaupt an die relevanten Themen heranzukommen, ohne dass der andere es formulieren kann. Ich stelle mir das als sehr große Herausforderung vor. Wie würdest du diesen Prozess aus deiner Perspektive beschreiben? Geht das überhaupt?«

Rolf: »Also ich glaube, Empathie ist die Grundlage, um Resonanz herzustellen. Es gibt aber, selbst wenn man keine Empathie besitzt, also selbst wenn ein Therapeut nicht empathisch wäre, was sehr bedauerlich wäre (habe ich aber auch schon erlebt, weil er oder sie mit sich zu sehr zu kämpfen hat), ganz viele Ansätze und Möglichkeiten, wie Resonanz tatsächlich funktionieren kann. Das heißt, dass der andere das Gefühl hat, jemand schwingt mit mir, das, was von mir ausgeht, kommt beim anderen an. Und das ist die große Kunst oder sogar die relativ einfache Kunst, dem anderen Raum und Ruhe zu geben. Also in dem Moment, wo das Gegenüber spürt – und das kann man sprachlich ganz einfach machen –, dass es um ihn geht, dass hier Raum und Ruhe dafür da ist, dass er oder sie sich zum Ausdruck bringen kann. Es ist nicht so in der ersten Sitzung, dass dann Patientinnen und Patienten von den erschreckendsten und tiefgehendsten Erfahrungen ihres Lebens berichten, aber eine fast schon außergewöhnliche und seltene Erfahrung machen: ›Heute geht es um mich‹. Und es geht nur um mich und dafür ist Zeit und Raum oder, wie ich es nenne, Ruhe und Raum da. Das ist für mich die erste Grundlage. Und da gibt es eine Sache, die mir als Beratender häufig sehr schwergefallen ist, gerade als junger Mann: eine Frage zu stellen und Zeit zu lassen. Und wenn was kam, wirklich hinzuhören, was hat der andere erzählt und darauf einzugehen. Und darin tun wir uns häufig schwer. Also das Lieblingsbeispiel von Freud ist, um Resonanz mit Patienten herzustellen, wenn jemand, der wirklich unter einer starken Störung leidet, sagt, die Welt oder sagen wir mal hier: ›Das Zimmer, in dem ich lebe, das besteht aus Marmelade.‹ Dann ist es eine Möglichkeit, um Resonanz herzustellen, die Frage: ›Welchen Geschmack hat es denn?‹ Das heißt, egal wie aus normaler Sicht verrückt jemand scheinbar ist, Resonanz entsteht, indem ich Raum und Ruhe habe für seine oder ihre Weltsicht. Und da ist ein Nachfragen, ein Nichtinfragestellen, nur ein Nachfragen, ein Begleiten und ein Nichtbewerten eine entsprechend gute Technik, die häufig in der Psychotherapie genutzt wird.«

Sören: »Das beginnt ja oft schon bei spürbarer Wahrnehmung. Also wenn mir jemand gegenübersitzt, dass ich ihn oder sie überhaupt erst mal aufmerksam wahrnehme. Ich bringe das jetzt einmal auf ein anderes Level: Ich bin ja stark im Business-Kontext unterwegs. Vor einigen Wochen durfte ich ein Führungsteam begleiten, wo mir im Rahmen eines Resonanztrainings eine Führungskraft sagte, dass sie sich als Mitarbeiterin der zweiten Führungsebene von der Geschäftsleitung zu wenig wahrgenommen fühle. Hier schaue keiner rein und frage beispielsweise danach, wie es ihr heute geht.«

Rolf: »Ich würde da gerne kurz reingrätschen, Sören.«

Sören: »Ja, gerne.«

Rolf: »Mir ist wirklich die Grundhaltung davor wichtig. Also ich kenne das von ganz vielen, ich nenne das jetzt mal, Pseudopsychologen, die mit so einer Pseudoachtsamkeit und Pseudowahrnehmung den anderen wahrnehmen, um ihre eigene Agenda draufzudrücken. Insbesondere verkaufspsychologisch erlebe ich das öfters. Jemand stellt Fragen, um zu öffnen, aber um seine Botschaften zu platzieren. Und das ist etwas, was ganz viele Menschen davor abschreckt, sich wirklich zu öffnen, weil wir immer den Eindruck haben, es geht hier nie um sie selbst, sondern es geht immer um die Agenda des anderen. Selbst die Geschäftsleitung, die kurz einmal ›Hallo‹ sagt – vielleicht machen die das sogar – und es kommt trotzdem nicht an. Weil das Gegenüber eben nicht Resonanzerlebnisse hat im Sinne von: Der andere hat wirklich Ruhe und Raum für mich. Schauen wir beispielhaft auf die Kindererziehung: zu fragen, wie es in der Schule war, und dann erzählt dein Kind irgendetwas Langatmiges, Dialogisches zwischen zwei Freundinnen, die sich missverstanden haben, und dann kam der Lehrer dazu und so weiter. Und ich steige für mein Kind sichtbar nach wenigen Sekunden aus, weil mich dieser Part nicht interessiert. Damit zerstöre ich jede Form von Resonanz. Warum? Weil es nicht um das Gegenüber geht, sondern um meine persönliche Agenda. Und das ist das, was ich mir wünsche. Sich klarzumachen, wie wir den anderen gewinnen: wenn wir ehrliches Interesse haben, ohne dass es um unsere eigene Bedürftigkeit geht. Und das ist das, was ich in ganz vielen Situationen anprangern muss, bei vielen auch psychologischen Techniken. Sie dürfen nicht unehrlich benutzt werden, weil ansonsten etwas kaputtgemacht wird, was die wichtigste Grundlage für langfristiges Miteinander-Schwingen ist, nämlich Vertrauen. Und deshalb ist Wahrnehmen, wie du sagst, auch achtsame Präsenz, alles wichtig, aber aus welcher Haltung heraus? Geht es um dich oder geht es um mich?«

Sören: »Du hast gesagt, die eigene Bedürftigkeit sollte nicht im Vordergrund stehen, wenn wir andere gewinnen wollen. Nun hat ja jeder, der eine mehr, der andere weniger, eine gewisse Bedürftigkeit. Jeder Mensch hat ja auch ein eigenes Resonanzbedürfnis. Vielleicht hat der eine oder andere sogar nicht nur ein Resonanzbedürfnis, sondern sogar ein ausgeprägtes Aufmerksamkeits- oder ein Anerkennungsbedürfnis, um noch weiterzugehen. Wie gelingt es mir in einer solchen Situation –, gesetzt den Fall, ich erkenne es beziehungsweise weiß es von mir – nicht mein eigenes Bedürfnis in den Vordergrund zu stellen, sondern erst mal dem anderen seinen Raum zu geben? Wir kennen alle diese Menschen, die eine Frage stellen, nur um dann von sich zu erzählen. Wie bekomme ich das denn hin? Kann ich das überhaupt lernen? Das braucht ja unglaublich viel Selbstreflexion.«

Rolf: »Das ist das Schlimme. Also es gibt einen neuen Lehrsatz von mir: Persönlichkeitsentwicklung führt erst dann zur Entwicklung, wenn es persönlich wird. Das heißt, die größte Aufgabe, die wir in der Menschwerdung aus psychologischer Sicht haben, um eine reife Persönlichkeit zu werden, ist wirklich liebevolle Selbstreflexion.

Mit der Bereitschaft, sich auch den Schmutz in den Ecken anzuschauen und die vermodernden Leichen im Keller. Ich erlebe das ganz häufig: Menschen gehen gerne zu Seminaren oder zu Events und hören sich Persönlichkeitsentwicklungsdinge an, wo es nur darum geht, wie man selbst ins Strahlen kommt oder sonst irgendetwas. Wie man zu dem wird, der man gern sein möchte. Das Problem ist: Sie schauen aber nie hin, wer sie sind, welche Lebensgeschichte sie haben und welche Bedürfnisse aus dieser Lebensgeschichte vorhanden sind. Das Schöne daran: Ich muss meine Bedürfnisse nicht zur Seite schieben, ich muss sie nur präsent haben. Wenn ich mich über irgendjemanden ärgere und wütend auf eine Mitarbeiterin, einen Mitarbeiter, auf einen Lebenspartner, Lebenspartnerin, auf ein Kind, sogar auf den Hund bin, sollte ich mir selbst immer wieder auf einer Art Reflexionsebene klarmachen: Was hat das

»

Persönlichkeitsentwicklung führt erst dann zur Entwicklung, wenn es persönlich wird.

Rolf Schmiel

«

mit mir gerade zu tun und war ich wirklich ehrlich in der Begegnung? Und ganz häufig schaffen wir eine neue Qualität von Beziehung, wenn wir den Mut haben, zu unseren Bedürfnissen zu stehen.«

Sören: »Da drängt sich eine Frage auf, lieber Rolf: Wer bringt mich dazu, mich mit meinen eigenen Bedürfnissen zu beschäftigen? Ich kenne viele Menschen, die gern beim Gegenüber beziehungsweise im Außen ansetzen. Da sollen Kundinnen und Kunden oder auch Mitarbeitende begeistert werden. Die Perspektive ist in einem solchen Fall fast ausschließlich darauf gerichtet, den anderen verändern zu wollen. Insbesondere im Bereich der Führungskräfte treffen wir immer wieder auf solche, die eine Führungsrolle aus eigener Bedürftigkeit mehr für sich selbst brauchen, anstatt anderen dadurch etwas zu geben. Hast du vielleicht einen Tipp, wie wir solche Menschen stärker in die Selbstreflexion bringen können?«

Rolf: »Indem wir tatsächlich in dem Moment erst einmal wertschätzend den Teppich für das Bedürfnis, was sie haben, ausrollen: Sie auf eine Art Achterbahnmitfahrt mitnehmen und ihnen sagen ›Ich verstehe dich. Menschen in und für Veränderung zu begeistern, ist das, was du willst – ist das richtig?‹ Um dann in der Folge aufzuzeigen, wie man dahinkommen kann. Aber in der ersten Phase, wenn man die Person nicht abholt, wenn diese Führungskraft nicht das Gefühl hat, du als direkter Vorgesetzte oder du als Berater, Trainer oder Trainerin kannst sein Bedürfnis erfüllen, hört er nicht zu. Also früher habe ich den Fehler gemacht, vor zehn bis fünfzehn Jahren, da hätte ich so etwas gesagt wie: ›Ja, das ist ja schön und gut, dass Sie Leute begeistern wollen, aber wir müssen erst mal an Ihnen arbeiten.‹

Zu was führt das? Die Person fühlt sich nicht verstanden. Sie macht mental zu und wendet sich ab. Das heißt, ich stelle in Aussicht: »Ja, du kannst bei mir lernen, Menschen besser zu begeistern.« Und dann schauen wir uns an, was Menschen dafür brauchen. Und plötzlich kommt die Person bewusst oder unbewusst zur Selbsterkenntnis: ›Also wenn das funktionieren soll, dann muss ich ja auch mich nochmal neu durchdenken.‹ Wenn das nicht passiert, haben wir mit dem eigentlichen Ziel wenig Aussicht auf Erfolg. Leider kommt es dennoch immer wieder vor: Wir werden immer zwanzig Prozent von Leuten haben, die – egal wie offensichtlich es ist, wie verfangen sie in ihren Strukturen sind – erkennen, dass es notwendig ist, an sich selbst zu arbeiten, aber so viel Angst vor sich und ihren Leichen im Keller haben, dass sie sich trotzdem vom Prozess abwenden. Die Hoffnung – und das ist das, was ich in meinen Seminaren erlebe sowie auch in Evaluationsstudien, die wir um unsere Projekte drumherum machen – gibt es aber die anderen achtzig Prozent. Von den anderen achtzig Prozent hast du zwanzig Prozent, die richtig Lust haben auf diese Reise. Die lassen sich darauf ein. Die wissen, wie wichtig Selbständerung ist und suchen nach Hilfsmitteln, wie man sich dieser nähern kann. Und die sechzig Prozent dazwischen, die sind jetzt zwar nicht so begeistert, wenn sie sich selbst ändern müssen, aber haben es verstanden und gehen die ersten Schritte. Und deshalb ist auch dort die Methode aus meiner Sicht wieder wichtig: Unsere eigene Klarheit darf nicht zu einer schmerzenden Wahrheit für unser Gegenüber führen. Wenn ich aber auf unterschiedliche Art und Weise Raum dafür schaffe, dass Menschen zu der Erkenntnis kommen können und sie jemand bei diesem Weg unterstützt, erzielen wir andere Ergebnisse.«

Sören: »Und hier sind wir ja wieder ganz stark auf der Haltungsebene, die du zuvor beschrieben hast. Was macht diese für dich ganz konkret aus? Siehst du dabei auch Gefahren?«

Rolf: »Für mich bedeutet eine gute Beziehung – das bezieht sich auf Beziehungen zwischen Partnern oder von Eltern zu Kindern, von Kindern zu Eltern, von Führungskräften zu Mitarbeitenden – in folgender Haltung messbar: Kann ich mich daran erfreuen, dass der andere wächst, zu seiner wahren Größe findet, in Unabhängigkeit zu mir selbst? Das heißt also, kann ich es zulassen, dass jemand größer wird als ich und dabei gleichzeitig frei von mir ist und sich freiwillig für den Weg mit mir entscheidet? Oder aber feiere ich Erfolge nur, wenn die Person in Abhängigkeit zu mir steht und ich selbst davon profitiere? Das ist die Haltung, die ich immer ganz wichtig finde. Natürlich gibt es uns selbst etwas zurück, wenn wir jemandem etwas Gutes tun, das ist auch absolut in Ordnung. Die Frage ist nur, in welche Abhängigkeit man das Gegenüber zu sich selbst bringen will.

Was ich daran das Gefährliche finde: Jemand bringt echte Resonanzmöglichkeit, echte Freude, echte Begeisterung. Der andere öffnet sich, schenkt Energie zurück. Und jetzt kommen wir zu dem toxischen Moment, womit ich ein massives Problem habe, auch in unserer Weiterbildungsbranche. Ich mache dich für Momente glücklich und beseelt und in dieser Glückseligkeit pflanze ich bei dir ein konsumierendes Bedürfnis. Das heißt also, ich mache dich abhängig und bringe dich womöglich dazu, jetzt mein Produkt zu kaufen. Wenn jemand nach einem Vortrag oder Seminar von sich aus zu mir kommt und sagt: Das war toll, können wir irgendwie weitermachen? Dann ist das super. Wenn ich aber, sei es als Führungskraft oder auch als Therapeut, derartige Abhängigkeitsstrukturen schaffe, dann lebe ich toxische Resonanz. Und das halte ich für total gefährlich. Das heißt, Resonanzkompetenz darf und sollte niemals in einer vergiftenden Weise, sondern einer befreienden Weise eingesetzt werden.«

Sören: »Das wäre ja in einem solch beschriebenen Fall keine echte Resonanz, oder? Das wäre eine Art Simulation von Resonanz. Auch aus meinem eigenen Erleben kann ich durchaus nachvollziehen, was du sagst. Wenn man sich mit Menschen in Resonanz begibt, wird einem auch eine große Verantwortung zu Teil.«

Rolf: »Das sehe ich absolut genauso, Sören. Resonanzkompetenz bringt Verantwortung mit sich. Das ist genauso wie ein Arzt oder eine Ärztin, ein Psychotherapeut oder eine Psychotherapeutin: Alle haben die gleiche

Verantwortung. Es gibt so schlimme Geschichten von Missbrauch in der heilenden Kunst, weil es im Prinzip so leicht ist, jemanden in Abhängigkeit zu bringen. Und deshalb ist es mir so wichtig, wenn du Techniken beherrschst, die einen steuernden oder – nennen wir es durchaus auch – manipulativen Charakter haben, ist immer meine Hoffnung, dass sie zum Besseren, zum Guten angewendet werden, und nicht nur auf den eigenen Vorteil bedacht sind. Dass man sich selbst freuen darf, ist gar keine Frage. Auch ich will mit meiner Arbeit Geld verdienen. Aber ich muss mich fragen, ob meine Arbeit Menschen frei oder abhängig von mir macht.

Uns geht es insgesamt nur besser, wenn es dem System beziehungsweise der Struktur, in der wir leben, gut geht. Wenn ich als einziger in einer Familie von den Strukturen der Familie profitiere, geht es mir vorübergehend gut. Langfristig werde ich aber Schaden erleiden. Wenn ich beispielsweise als Führungskraft nur das meiste aus den Menschen herausholen will und nicht bereit bin, etwas zurückzugeben, dann kippt irgendwann die Situation. Und daher ist es meine tiefste innere Haltung, dass wir alle den Wunsch haben, dass es Menschen, denen wir begegnen, durch die Begegnung, die wir haben, danach besser geht und sie ein Stückchen freier geworden sind.«

Sören: »Das war ein wundervolles Schlusswort. Ich danke dir herzlich für das großartige und bereichernde Gespräch, lieber Rolf.«

Kurze Zusammenfassung dieses Kapitels
Aus neuropsychologischer Sicht sind wir in der Lage, Menschen intuitiv zu erspüren. Aus der Kombination von emotionalem Erspüren und kognitivem Zutun können wir Rückschlüsse über Gefühlszustände, Überzeugungen und künftiges Verhalten unseres Gegenübers ziehen. Unter Anspannung und Stress ist echte Resonanz aber kaum möglich.
Wir brauchen Ruhe und den Raum dafür, eine Verbindung zu Menschen aufzubauen – sowohl für uns selbst, als auch unser Gegenüber. Auch der psychotherapeutische Kontext zeigt, wie wichtig das ist, damit Menschen sich öffnen (können). Daneben spielt die eigene Haltung, den anderen größer und unabhängiger zu machen, eine wesentliche Rolle genauso wie die Fähigkeit und der Wille zur Selbstreflexion.

1.5 Wie Musik uns zum Erklingen bringt

Mit diesem Kapitel kommen wir zu einem Bereich, der durchaus als »Resonanzsprache Nummer eins« bezeichnet werden kann: die Musik. Resonanz ist sicher nicht umsonst eine musikalische Vokabel. Meine besondere persönliche Verbindung zur Musik hatte ich bereits angesprochen, sie begleitet mich seit frühester Kindheit. Was mit musikalischer Früherziehung, Klavierunterricht und ersten öffentlichen Auftritten auf Jugendfreizeiten begann, erwuchs über die Jahre zu wundervollen Bühnenprojekten und mehr: Das erste große Bandprojekt, bei dem es Woche für Woche Tausende von Menschen zu unterhalten und zu begeistern galt – später entwickelte sich daraus ein Wirken als Sänger, Entertainer und Konzertmusiker sowie Hauptrollen in Musicals wie »Jekyll und Hyde«, »Hair« oder »Fast normal – next to normal«. In mittlerweile fast zwanzig Jahren auf (nennenswerten) öffentlichen Bühnen durfte ich großartige Erfahrungen damit sammeln, was Musik mit Menschen macht. Sowohl mit dem Publikum als auch mit mir selbst. Denn du erinnerst dich: Jegliche Schwingung kommt zu uns zurück.

Ich blicke auf zwei Jahrzehnte erfüllt von ganz besonderen Resonanzerfahrungen in so vielerlei Hinsicht zurück und frage mich: Wie schafft Musik das, eine solche Wirkung auf Menschen zu haben? Wie schafft sie es, das, was ich zuvor im zwischenmenschlichen Kontext beschrieben habe, auf eine unbeschreibliche Weise zu bewirken? Dazu schauen wir uns an, was Musik alles zu erreichen vermag.

Musik weckt Emotionen

Hierzu muss ich nicht viel sagen. Sicher stimmst du mir schon beim Lesen der Überschrift zu. Hören wir bestimmte Musik, werden Emotionen in uns freigesetzt. Zudem erinnern wir uns an Situationen in unserem Leben, die wiederum mit Emotionen belegt sind. Das können besonders schöne Momente wie beispielsweise eine Hochzeit sein, genauso aber auch Momente der Trauer. Zwischen diesen beiden Extremen existieren sehr viele Gefühlszustände, die durch Musik geweckt werden können. Die Verbindung von Musik und Emotion macht sich beispielsweise auch die Film- und Werbeindustrie zunutze. In einem Film spüren wir beispielsweise schon Spannung, wenn hoch trillernde Geigen und ein tiefer Ton einsetzen, ohne dass auf der Handlungsebene überhaupt etwas passiert wäre. Ein anderes Beispiel ist die schöne Werbung, in der ein Eisvogel neben einem kühlen Bier ins Wasser eintaucht, während herrlich entspannte und friedvolle Musik die Situation untermalt. Musik schafft es, ohne dass wir es verhindern können, bestimmte Emotionen in uns aufkommen zu lassen.

Musik fängt Emotionen auf

Dass Musik gezielt Emotionen aufkommen lässt, habe ich schon beschrieben. Doch sie hilft auch dabei, bereits vorhandene Emotionen aufzufangen. Sind wir traurig oder schmerzerfüllt, können wir unsere Gefühle in Musik aufgehen lassen. Bestimmte Musiktitel schaffen es, uns in unserer Emotion abzuholen und im genannten Beispiel tröstend zu wirken. Auch positive Emotionen wie Freude und Glück können wir in Musik aufgehen lassen. Warst du auch schon einmal richtig gut drauf und hast passend dazu einen Song aufgedreht, der dich in deiner Gefühlswelt bestärkt hat? Wir können vorhandenen Emotionen mit bestimmten Musiktiteln einen Resonanzraum geben – das kann beinahe therapeutisch wirken. Wir finden in der Musik eine Verbindung, in der wir ganz bei uns selbst sein können.

Musik zeigt neue Denkperspektiven auf

Musiktitel sind meistens Geschichten aus dem Leben der Interpreten oder fiktiver Figuren. Sie beschreiben Situationen aus dem Alltag, persönliche Herausforderungen oder besonders schöne Momente – im Musiktheater sogar sehr intensiv. Durch die musikalische Untermalung werden diese Texte und Szenen für Zuhörende ganz anders erlebbar, als wären es bloße Geschichten. So schafft es die Musik in emotionaler und dadurch verstärkender Art und Weise, uns neue Denkperspektiven aufzuzeigen.

Musik gibt Energie und motiviert

Du kennst sicher Songs, denen du genau das zuschreibst. Schon die ersten Takte bestimmter Titel lassen Energie in uns aufkommen. Klassiker für diesen Wirkungszusammenhang sind Titel wie »Eye of the Tiger«, »We are the Champions« oder auch »Walking on Sunshine«. Natürlich hat jeder Mensch hierzu einen subjektiven Bezug und seine eigenen Lieblinge, die ihm oder ihr Kraft schenken. Insbesondere beim Sport wird das Phänomen gezielt genutzt, dass durch Musik motivierende Energien freigesetzt werden. Vor dem Spiel läuft in der Mannschaftskabine oft energetisierende Musik, um den Spielerinnen und Spielern mehr Kraft und Motivation zu schenken. Die Resonanzverbindung zwischen Mensch und Musik stimuliert die eigenen Energien und Kräfte.

Musik begeistert Menschen

Das durfte ich in all den Jahren auf der Bühne immer wieder erleben: begeisterte Menschen. Immer wieder kommt dieses wundervolle Gefühl auf, am Ende eines Konzertes oder einer Musicalaufführung begeisterte Menschen im

Publikum zu sehen und genau das auch im Nachgang in vielen wertschätzenden Feedbacks und Rückmeldungen zu spüren. Aber ich kenne das auch von der anderen Seite: Ich liebe es, als Zuschauer im Musiktheater oder im Konzert Gänsehaut zu spüren. Es ist ein großartiges Erlebnis, berührt, bewegt oder gar begeistert zu werden. Musik schafft das auf eine besondere Art und Weise.

Schon allein das physikalische Frequenzspektrum ist in der Musik weitaus umfangreicher als beispielsweise bei Sprache. Uns erreichen sinnbildlich deutlich mehr Schwingungen in unterschiedlichsten Klangspektren als beim bloßen gesprochenen Wort. Hinzu kommt die emotionale und bewegende Wirkung, die ich zuvor beschrieben habe. Man könnte also durchaus davon sprechen, dass Menschen mit Musik in eine Art Resonanzverhältnis treten, ohne überhaupt bewusst darüber nachzudenken. Klar dabei ist, dass nicht jede Art von Musik bei jedem Menschen die gleiche (Resonanz-)Wirkung erzeugt – jeder hat hier eben seinen individuellen Geschmack und seine eigenen Erfahrungen, die sich für ihn oder sie in der Musik widerspiegeln. Genauso wie auch im Umgang mit verschiedenen Charakteren von Menschen. In bestimmter Art von Musik kann man demnach ganz bei sich selbst sein. Das bedeutet, dass wir uns durch sie in unseren Gefühlen, Werten, Erlebnissen und Überzeugungen verstanden, verbunden und bewegt fühlen. Musik bringt demnach durch ihren Klang Menschen zum Erklingen. Das ist das Resonanzprinzip der Musik. Sie erreicht uns in unserem Innersten und entfaltet dort ihre Wirkung. Auch wenn das alles etwas pathetisch klingen mag, möchte ich dir zur Veranschaulichung ein Beispiel geben: Sicher warst du schon mal auf einem Konzert oder auch im Musiktheater. Bestimmt hast du dort auch schon mal einen Musiktitel oder einen Moment erlebt, der dich zum Weinen brachte. Ich meine hier in diesem Fall kein Weinen vor Glück (das wäre auch ein schönes Resonanzbeispiel), sondern Tränen der Traurigkeit, des Kummers oder auch des Schmerzes. Trotz dessen, dass wir derartige Emotionen als im Grunde negativ oder verletzend einstufen würden, empfinden wir ein derartiges Berührtwerden durch Musik dennoch als positiv. Es fühlt sich trotz des Schmerzes irgendwie schön an. Warum ist das so? Weil wir in der Verbindung zur Musik ganz bei uns selbst sein können. Hartmut Rosa greift dieses Phänomen mit folgenden Worten ebenfalls treffend auf: »Das Klingen von Musik ist im Hörer selbst. [...] Das Musik-Erleben hebt die Trennung zwischen Selbst und Welt auf.« (Rosa 2016: 161)

Musik ist demnach eine universelle Sprache, die Menschen unabhängig von Herkunft, Werten, Religion, Überzeugungen oder Status zu erreichen und zu bewegen vermag. Fragt man beispielsweise auch Jugendliche, was für sie eine der liebsten Freizeitbeschäftigungen ist, bekommen wir häufig Musikhören zur Antwort. Insbesondere in Zeiten der Pubertät oder auch generell der Findung des eigenen Selbst hat man in Musik, die einen persönlich anspricht, einen verlässlichen Resonanzhafen. Der deutsche Liedermacher Reinhard Mey hat diese Wirkungsweise von Musik in seinem Titel »Welch ein Geschenk ist ein Lied« wie folgt beschrieben:

»Schon wenn der erste Ton erklingt, beginnt der Raum zu atmen und zu leben, ist es wie ein Erschaudern, wie ein Schweben, als ob ein Zauber uns bezwingt. Und eine Melodie befreit uns aus dem Irrgarten unserer Gedanken und öffnet alle Schleusen, alle Schranken unserer Seele weit.«

Reinhard Mey (*1942), Musiker

Genau das, was Reinhard Mey hier beschreibt, kann ich von vielzähligen Konzerten und auch Vortragsveranstaltungen, bei denen ich Musik zum Erleben von Resonanz punktuell gezielt einbinde, bestätigen. Insbesondere bei einem längeren Vortrag oder auch einem ganztägigen Workshop- oder Trainingstag schaffen es kleine musikalische Elemente, sowohl Resonanz zu stiften als auch sie anschaulich erlebbar zu machen. Im Raum ist eine besondere Art von Stimmung zu spüren, wenn Musik erklingt. Die Menschen fühlen sich angesprochen und hören (hoffentlich) zu. Denn genau wie in der zwischenmenschlichen Interaktion kann Resonanz nur dann entstehen, wenn wir in der Lage sind, dem anderen – in diesem Fall der Musik – Wahrnehmung zu schenken und zuzuhören, bisweilen sogar hinzuhören. Die Musik wirkt hier als eine Art erste Stimmgabel, die uns in Schwingung versetzt. Nutze sie für dich genau dafür.

Kurze Zusammenfassung dieses Kapitels
Musik bringt Menschen zum Erklingen, sie gilt als Resonanzsprache Nummer eins. Fernab von Kognition schafft sie es, Menschen zu erreichen und zu bewegen. Mit und in Musik können Menschen sozusagen ganz bei sich selbst sein, sie spüren eine Verbindung. Voraussetzung dafür ist – wie in der zwischenmenschlichen Beziehung – bewusstes Wahrnehmen, eine Portion Aufmerksamkeit und interessiertes Zuhören.

1.6 Resonanz versus Begeisterung

Das Thema »Begeisterung« war einige Zeit, insbesondere zu Beginn meiner Selbstständigkeit, für mich das, was ich in die Welt zu tragen versuchte. Da ich selbst immer wieder voller eigener Begeisterung in Vorträge und Trainingsprojekte starte, weiß ich, welche Energie ihr innewohnt. Sie macht aus Schwingungen einen kräftigen Klang. Darum wollte und will ich andere Menschen ebenfalls zu mehr Begeisterung inspirieren, damit sie erfolgreicher in ihrem Tun werden können. Insbesondere im Business-Kontext sprechen wir immer wieder davon, Menschen begeistern zu wollen – ob Mitarbeitende oder Kundinnen und Kunden, alle sollen begeistert werden. Diesen Anspruch zu haben ist nicht grundsätzlich falsch, dennoch sollten wir uns zunächst kurz mit einer Differenzierung zwischen Resonanz und Begeisterung beschäftigen.

Grundsätzlich gilt: ohne Resonanz keine Begeisterung – zumindest keine echte und nachhaltige. Um es einmal ganz plakativ zu machen: Resonanz ist die Beziehung – Begeisterung, das, was in einer Beziehung (hoffentlich) immer mal wieder für Ekstase sorgt. Viel zu oft trifft der Anspruch, Menschen begeistern zu wollen, in der Praxis auf Situationen, in denen wir noch nicht einmal echte Resonanz vorfinden. Das erlebe ich in Trainings und Coachings immer wieder: Führungskräfte, die Mitarbeitende zu Höchstleistungen motivieren sollen. Vertriebsmitarbeitende, die Kundinnen und Kunden zu Fans machen wollen. Personalverantwortliche, die Mitarbeitende für das Unternehmen zu begeistern versuchen. Wundervoll ist, wenn ein derartiger Anspruch in ehrlicher Art und Weise vorhanden ist. Doch ohne eine verbindende Beziehung, die auf gegenseitigem Respekt und Wertschätzung beruht, wird es sehr schwer werden, echte Begeisterung zu schaffen. Klar kann das punktuell gelingen, doch flacht diese danach meist schnell wieder ab. Und das, was wir bei Begeisterung schnell übersehen, ist eine steigende Anspruchshaltung.

Wollen wir jemanden begeistern, bedeutet das im Kern, dessen Erwartungen zu übertreffen. Ich komme beispielsweise in einer schönen Ferienunterkunft an der See an und dort liegt völlig unerwartet ein von der Vermieterin selbst gebackenes Brot nebst Marmelade bereit. Das hatte ich nicht erwartet – und es begeistert mich zutiefst. Nicht zuletzt, weil sie es aus echter Leidenschaft und Wertschätzung heraus vorbereitet hat. Wie ist das beim nächsten Besuch in dieser Unterkunft? Ist alles wie beim letzten Mal, freue ich mich immer noch sehr über das besondere Präsent. Doch ehrlicherweise schon nicht mehr so stark, wie beim ersten Mal. Gesetzt den Fall, ich fahre ein drittes Mal dorthin und weder das Brot noch die Marmelade ist in Sichtweite, wäre ich sogar enttäuscht. So kann aus einem ehemaligen Begeisterungsfaktor schnell ein sogenannter Bestrafungs- oder Hygienefaktor werden. Ein Vorhandensein trägt nicht zu anhaltender oder mehr Begeisterung bei, aber das Ausbleiben zur Enttäuschung. Wollen wir Menschen immer wieder begeistern, sollten wir uns also immer wieder etwas Neues einfallen lassen. Das müssen keine besonders großen Dinge sein, aber es sollten solche sein, die positiv außerhalb des Erwartungsbereiches des Gegenübers liegen – ob im materiellen oder im Verhaltensbereich.

Wir dürfen Begeisterung demnach als eine Art Superlative von Resonanz begreifen, die punktuell betrachtet, als eine Art Emotions- und Energiebooster wirken kann. Das Gegenteil dazu wäre Enttäuschung oder gar eine Kränkung, die dann auftritt, wenn eine Erwartung nicht erfüllt wird. Auch das kennen wir alle: Wir wünschen uns beispielsweise von einer nahestehenden Person, dass sie sich für unser aktuelles Heimwerkerprojekt interessiert. Dass er oder sie einmal nachfragt, wie weit wir sind, was noch zu tun ist und ob wir uns auf das Ergebnis schon freuen. Resonanz entsteht dann, wenn die Person genau das tut. Wir beginnen, zu schwingen. Begeisterung würde entstehen, wenn die Person ohne vorher zu fragen beispielsweise ein paar Arbeitshandschuhe und Material mitbringt und sich völlig selbstverständlich bei deinem Projekt einbringt. Eine Enttäuschung tritt aus dieser Situation hervor, wenn die Person zwar im ersten Moment kurz danach fragt, aber dann wieder völlig offensichtlich bei sich und gar kein wirkliches und ehrliches Interesse zu spüren ist. Demnach kann es hilfreich sein, sich auf das Entstehen von Resonanz zu konzentrieren, um eine verbindende Basis im Miteinander zu schaffen. Gleichermaßen sollten wir auch sie nicht immer erwarten, denn das birgt die große Gefahr der Enttäuschung. Bei einer begeisternden Erwartungshaltung wäre der emotionale Fall noch größer. Resonanz beginnt somit idealerweise nicht mit einer Erwartungshaltung an unser Gegenüber, sondern mit einer eigenen inneren Einstellung und Haltung darauf, die wir im späteren Kapitel 3.1 »Resonanz mit unserem Gegenüber« näher beleuchten werden. Wir sollten nichts von unserem Gegenüber erwarten, was wir nicht selbst bereit sind, einzubringen.

Kurze Zusammenfassung dieses Kapitels

Begeisterung ist eine Art Superlative von Resonanz. Sie sollte auf der Basis einer respektvollen und wertschätzenden Verbindung erklingen, damit sie nachhaltig wirken kann. Resonanz und Begeisterung grenzen sich voneinander wie folgt ab:

Resonanz

- das Gegenüber verstehen, erreichen und bewegen;
- hallt lange in uns nach;
- Grundbedürfnis im menschlichen Miteinander.

Begeisterung

- die Erwartungen des Gegenübers positiv übertreffen;
- klingt meistens schneller wieder ab;
- Energie-Booster, den wir gern erfahren, aber nicht zwingend brauchen.

Das Gegenteil von Begeisterung wäre in diesem Fall eine Enttäuschung oder gar Kränkung.

1.7 Grenzen von Resonanz

Alles hat seine Grenzen, nichts ist nur gut und Allheilmittel gibt es ohnehin keine. Was für so viele Lebensbereiche gilt, trifft auch auf zwischenmenschliche Resonanz zu. Daher möchte ich neben meiner eigenen tiefsten Überzeugung für ein gelingendes Miteinander durch und in Resonanz auch deren Grenzen und Gefahren ansprechen. Hier ist es aus meiner Perspektive zunächst wichtig, zu erkennen, dass wir zwischenmenschliche Resonanz weder gezielt herstellen, noch sie einer Art Steigerungslogik unterziehen können. Was wir tun können, ist, bestmögliche Bedingungen dafür zu schaffen, dass sie entstehen kann. Damit meine ich nicht bloß die äußeren

Rahmenbedingungen, sondern vor allem unser Innerstes, unsere Absichten, unser Denken und unser Verhalten.

Wir können niemanden dazu zwingen, sich uns gegenüber zu öffnen und in eine Art verbindende Beziehung zu treten. Wir können lediglich ein Angebot dafür unterbreiten, aus dem Derartiges entstehen kann. Diese Tatsache, dass Resonanz eben nicht immer verfügbar und gezielt herstellbar ist, beschreibt der Soziologe Hartmut Rosa in seiner sogenannten Unverfügbarkeitstheorie: »Allen Resonanzerfahrungen wohnt ein unaufhebbares Moment der Unverfügbarkeit inne: Weil sie Erfahrungen der Antwort sind [...]. Die Antwort kann auch ausbleiben. [...] Der Versuch, instrumentelle Verfügbarkeit und Kontrolle über sie zu gewinnen oder sie sogar zu akkumulieren, zu maximieren oder zu optimieren, zerstört die Resonanzerfahrung als solche.« (Rosa 2016: 295) Eine Grenze von Resonanzfähigkeit als solcher ist demnach die Tatsache, dass resonante Beziehungen von der gegenseitigen Antwort leben – wie auch bei unseren beiden Stimmgabeln. Hartmut Rosa stellt treffend fest, dass eben diese auch ausbleiben kann. So sehr wir uns auch wünschen, »es gehören immer zwei dazu«, wie es ein bekanntes Sprichwort ausdrückt.

In dem gerade angeführten Zitat steckt sogar noch mehr: die Gefahr, die entsteht, wenn wir versuchen, Resonanz gezielt steigern zu wollen. Stellen wir uns beispielsweise vor, ein Vorgesetzter möchte seine Mitarbeiterin in einem Gespräch für mehr Offenheit im Miteinander gewinnen. Er stellt ihr Fragen, geht auf sie ein und hört ihr zu. Die Mitarbeiterin lässt sich zwar auf das Gespräch ein, öffnet sich auch in Teilen, bleibt aber im Ganzen noch etwas reservierter – es ist ja schließlich ihr Chef und da möchte man ja auch nichts Falsches sagen. Wenn der Vorgesetzte nun versucht, durch noch mehr Fragen, noch mehr Zuwendung, noch mehr Herauskitzeln seine Kollegin noch weiter ins Vertrauen zu bringen, wird das Gegenteil eintreten. Derartige Situationen kennen wir alle aus unserem privaten oder beruflichen Alltag.

Schlimm wird das, wenn die sogenannte Resonanzkompetenz nicht ehrlich, sondern bloß antrainiert ist und ein Ziel verfolgt: Menschen zu öffnen. Wenn dann der- oder diejenige spürt, dass das Ziel nicht erreicht werden kann und die Resonanzversuche steigert, könnte und wird der andere es möglicherweise als unangenehm und aufdringlich empfinden. Selbst bei ehrlichen Resonanzersuchen sind derartige Vorhaben nicht empfehlenswert, denn sie führen in der Regel zum Gegenteil. Viel hilft eben nicht immer viel. So lassen sich auch echte Resonanzmomente weder gezielt herstellen noch planbar steigern. Mehr Urlaub, mehr gutes Essen, mehr materieller Wohlstand führt nicht zu mehr Resonanzerfahrungen. Jeden Tag seine Lieblingsmusik zu hören, wird auch nicht zu permanent andauernder Verbindung zu ihr und zur Steigerung bewegender Augenblicke führen. Oft spüren wir wahre Glücksmomente nämlich genau dann, wenn wir sie nicht erwarten oder zumindest nicht versuchen, sie gezielt herbeizuführen. Das gilt für die genannten Beispiele genauso wie für jegliche Art zwischenmenschlicher Begegnungen.

Jedes Jahr erstellen Wissenschaftlerinnen und Wissenschaftler auf Basis von Untersuchungen des renommierten Gallup-Instituts den sogenannten World Happiness Report (Helliwell et al. 2023). Hierbei geht es darum, anhand verschiedener Faktoren wie beispielsweise Freiheit, sozialer Unterstützung oder Gesundheit das Glücksempfinden und dessen Entwicklung der Menschen zu untersuchen. Daraus ermittelt sich in der Folge eine Art Ranking, in dem länderbasiert die (objektiv betrachtet) glücklichsten Menschen leben. In diesem Jahr 2023 belegte Finnland zum sechsten Mal in Folge den ersten Platz, Deutschland büßte zwei Plätze ein und landete auf Rang 16. Viel wichtiger als die Länderplatzierungen finde ich zwei andere wichtige Erkenntnisse, die sich aus den Studien ziehen lassen: Trotz der tiefgreifenden und lebensverändernden Krisensituationen der Jahre 2020 bis 2022 blieb der Glücksindex entgegen aller Erwartungen nahezu konstant. Auch die monatelangen Lockdowns, Alltagsbeschränkungen sowie die mitunter tiefgreifenden persönlichen Erfahrungen mit Covid-19 hatten in der Summe nicht dazu geführt, dass

»

Echte Resonanzmomente lassen
sich weder gezielt herstellen
noch planbar steigern.
Gut und schlecht zugleich.

«

das Glücksempfinden der Menschen weltweit gesunken war. Wenn wir auf uns selbst schauen, finden wir einen Erklärungsansatz dafür: Wir erfahren wirkliches Glück nicht in äußeren Rahmenbedingungen oder der permanenten Verfügbarkeit von Lebenssituationen, sondern in der Beziehung zu unseren Mitmenschen und dem sozialen Umfeld, welches daraus erwächst. Jeder von uns hat sich in diesen schwierigen Zeiten sicher mit anderen umgeben, die ihm oder ihr guttun, die Halt geben und die Beziehungsqualität schaffen – ob privat oder am Arbeitsplatz, ob persönlich oder ersatzweise im virtuellen Raum. Vielleicht haben wir das in diesen intensiven Corona-Jahren sogar mehr getan als unter normalen Umständen.

Das zweite Erstaunliche an den Untersuchungen des Glücksempfindens der Menschen ist die Tatsache, dass trotz der in den letzten Jahren und Jahrzehnten enorm gestiegenen Verfügbarkeit von Lebenssituationen oder Materiellem das objektiv gemessene Glück nicht in gleichermaßen hoher Korrelation dazu stand. Mit anderen Worten: Wir können heutzutage von überall aus überall sein, die ganze Welt bereisen, unser Lieblingsessen zu uns nach Hause ordern, den heute getätigten Kauf spätestens morgen in Empfang nehmen – und sind trotzdem langfristig und insgesamt gesehen als Gesellschaft nicht wirklich glücklicher als beispielsweise Generationen vor uns. Auch dieses Phänomen können wir alle sicher an uns selbst beobachten, wenn wir ehrlich sind. Das mag auch ein Hauptgrund dafür sein, warum beruflicher Aufstieg und Karriere nicht immer dazu führen, dass der- oder diejenige mehr Zufriedenheit und Erfüllung spürt. Oft ist sogar das Gegenteil der Fall, denn nicht umsonst sagt man, dass Karriere durchaus einsam machen kann. Falls dem tatsächlich so sein sollte, ist es das natürliche Bedürfnis eines jeden Menschen, sich in diesem Fall andere Resonanzquellen in seinem Leben zu suchen. Daran sehen wir: Permanente Verfügbarkeit führt nicht zur Steigerung des Glücksempfindens im Sinne von Resonanz (bewegen und bewegt werden). Weder in der Beziehung noch sonst irgendwo.

Bereits in der Einleitung dieses Buches habe ich darauf hingewiesen, dass in Resonanzkompetenz eine große Verantwortung liegt. Immer dann, wenn uns Menschen ihr Vertrauen schenken, sich öffnen, von sich erzählen, kommt dem anderen diese Verantwortung zu. Diplom-Psychologe Rolf Schmiel hat dies im Rahmen unseres Gespräches aus dem Kapitel Resonanz aus psychologischer Sicht ebenfalls bereits angesprochen. Gelingt es uns, mit Menschen in Resonanz zu treten, sind die eigenen Absichten und die inneren Überzeugungen alles entscheidend. Baue ich eine ehrliche und echte Beziehung zu einem Menschen auf, die beide Seiten in Schwingung versetzt und aus der beide etwas Gutes für sich ziehen können? Eine Verbindung, die es sogar schafft, dass der andere stärker und besser wird? Oder nutze ich die Verbindung nur, um meine eigenen Interessen unter dem Deckmantel der Resonanz durchzusetzen? Hier fallen uns sicherlich und leider Beispiele ein, in denen genau so etwas passieren kann. Beispiele, bei denen es nicht um ehrliche Resonanz, sondern um Manipulation und Ausnutzung geht. Insbesondere im Verkauf ist hier Vorsicht geboten. Ich selbst habe viele Jahre in einer Branche gearbeitet, in der es scheinbar offensichtlich nur »um's Geld geht«: Finanzdienstleistungen. Dass diese vorurteilsbehaftete Annahme nicht überall stimmt, durfte ich selbst auch erleben. Wie in jeder Branche finden sich darin gute wie auch moralisch fragwürdige Absichten bei verschiedenen Akteuren wieder. So kann man beispielsweise bei einem Finanzdienstleister guten Anklang finden, bei dem es den handelnden Personen im Verkauf tatsächlich um den Faktor Mensch geht. Bei dem in Beratungsgesprächen die Interessen, Ziele und Planungen von Kundinnen und Kunden im Vordergrund stehen und etwaige Produktlösungen genau danach ausgewählt werden. Wo ich mich als Kunde wahrgenommen, gehört und verstanden fühle und Kundenberatende (unabhängig von deren eigenem finanziellen Vorteil) Produktlösungen empfehlen, die mich als Kunde tatsächlich besser und unabhängiger machen. Glücklicherweise habe ich oft genau derartige Momente erlebt. Doch Menschen arbeiten in Organisationen und sind in weiten Teilen ihres Tuns deren Prozessen unterworfen. Hieraus entsteht die große Gefahr, dass

Steuerungs-, Controlling- und Standardisierungsprozesse in den Unternehmen beziehungsstiftendes Verhalten und echte Resonanz zerstören – in dem späteren Kapitel 3.4 »Resonanz im Business« komme ich darauf sicher noch zu sprechen. Gefährlich wird es insbesondere, wenn ein durch Resonanzkompetenz aufgebautes Kundenvertrauen derartig missbraucht wird, dass beispielsweise eigene Verkaufsabschlüsse, Provisionen und Gewinnstreben im tatsächlichen Vordergrund des Handelns stehen. Wo Kundinnen und Kunden zwar das Gefühl haben, sie werden verstanden und alles sei zu ihrem Vorteil, aber das Gegenteil der Fall ist. Auf dem Gebiet eben solcher moralisch fragwürdigen Finanzdienstleister tummeln sich leider viel zu viele Organisationen, die viel zu erfolgreich mit einem derartigen Vorgehen sind. Die protzige Erfolge damit feiern, Menschen durch simulierte und antrainierte Resonanzfähigkeit in Abhängigkeiten oder sogar finanzielle Engpässe getrieben zu haben zum Wohle des eigenen und unternehmerischen Outputs. Leider habe ich auch hier selbst ein paar Einblicke bekommen, bei denen es einem sprichwörtlich eiskalt den Rücken hinunterläuft.

Derartige Beobachtungen lassen sich auch in anderen Branchen, in denen Kundenvertrauen zum Erfolg führt, machen. Der gesamte Markt rund um Persönlichkeitsentwicklung ist hier genauso zu nennen wie die Gesundheitsbranche, Immobiliengeschäfte oder sogar auch der Autohandel. In all diesen Bereichen sind Kunden- oder Betroffenenentscheidungen mit einer in der Regel hohen persönlichen Tragweite für den- oder diejenige verbunden. Und die Entscheidungen sind wiederum mit einem hohen Vertrauensanteil zu demjenigen verbunden, der sie uns anträgt und uns berät – dem oder der wir uns an-ver-trauen.

Machen wir selbst hier schlechte Erfahrungen oder hören Berichte anderer darüber, trübt dies unsere Bereitschaft, sich anderen zu öffnen. Insbesondere dann, wenn es für uns »um etwas geht«. Hier gilt es, durch eigene Resonanzkompetenz ein gutes Gespür dafür zu entwickeln, wer es wirklich gut mit einem meint und ehrliche Absichten verfolgt. Ich bin sicher, das wird dir gelingen. Denn wenn wir uns bewusst darauf einlassen, in Resonanz mit anderen zu treten, spüren wir Schwingungen. Wir bekommen ein Gefühl für Authentizität, Absichten und Echtheit des anderen. Und dann sind wir nicht bloß ein Echo, sondern reagieren mit einer Antwort.

Kurze Zusammenfassung dieses Kapitels

Resonanz lässt sicher weder gezielt herstellen noch planbar steigern. Wir können lediglich gute Voraussetzungen dafür schaffen, dass sie entstehen kann. Da sie als Antwortverhältnis zu verstehen ist, kann die Antwort durchaus auch ausbleiben. Mit Resonanzfähigkeit und -kompetenz geht eine große Verantwortung für das entgegengebrachte Vertrauen des anderen einher.

2.

Was uns in Schwingung versetzt

2.1 Unser Bedürfnis nach Resonanz

In dem kommenden Abschnitt dieses Buches konzentrieren wir uns auf die erste Stimmgabel – also den Dingen, die uns Menschen und dich ganz persönlich in Schwingung versetzen. Denn ganz so leicht wie im eingangs dargestellten Stimmgabel-Experiment, wo die erste der beiden einfach angeschlagen wird, um Schwingung zu erzeugen, ist es bei uns Menschen nicht. Dass wir alle ein natürlich psychologisches Grundbedürfnis danach haben, Resonanzerfahrungen nicht nur anderen gegenüber zu ermöglichen, sondern auch selbst zu empfangen, darauf habe ich im Kapitel 1.2 »Relevanz von Resonanz« bereits hingewiesen. Die dort erwähnte Umschreibung des emotionalen Sauerstoffes trifft es aus meiner Perspektive und meinem persönlichen Erleben sehr gut. Wir können nicht permanent Energie darauf verwenden, andere bewegen zu wollen – egal, in welcher Lebenssituation. Dann hat es sich nämlich womöglich irgendwann ausgeschwungen – uns fehlt die Energie, wenn nichts zurückkommt. Unser Fokus sollte sogar im ersten Schritt sehr klar darauf liegen, was uns selbst überhaupt bewegt. Erst dadurch sind wir auch in der Lage, andere zu bewegen. Nur wer gut klingt, versetzt andere auch in Schwingung. Und mit diesem Klang meine ich all das, was aus unserem Innersten dazu beitragen kann. In der Folge dann natürlich auch das, was von unseren Mitmenschen an Reaktion zu uns zurückkommt. Du erinnerst dich an mein Beispiel von der Bühne aus dem Eingangskapitel 1.1 »Gut klingen und gut schwingen«, in dem ich davon berichtet habe, wie eine beim Publikum erreichte Schwingung zum Akteur zurückkommt und ihn oder sie selbst noch mehr bewegt.

Stellen wir uns eine Art Resonanz-Bilanz vor: Wir brauchen Lebensbereiche, die uns auf verschiedenen Kanälen stimulieren und in positive Schwingung versetzen. Wenn jemand beispielsweise zu seinem Unternehmen oder seiner Tätigkeit dort keine oder sehr wenig Verbindung und positive Schwingung spürt, benötigt der- oder diejenige einen anderen Lebensbereich, wo ihm oder ihr solche Erfahrungen zuteilwerden. Das könnten beispielsweise Hobbys oder ein Ehrenamt sein. Gleiches gilt für eine Lebensbeziehung, die zwar im Grunde funktioniert, aber keine wirkliche Verbindung des gegenseitigen Erkennens, Verstehens und Bewegens darstellt. Ich wage mir nicht auszumalen, wenn es in beiden dieser großen Lebensbereiche Beruf und Familie dauerhaft derartig resonanzlos zugeht. Dann passiert womöglich das, was wir im Allgemeinen unter einem Burn-out verstehen. Ich kann mir gut vorstellen, dass der Hauptgrund einer solchen schweren Lebensphase darin besteht, dass einen nichts mehr wirklich erreicht oder bewegt.

Andersherum kennen wir das ebenfalls: Die Blüte einer frischen Liebesbeziehung spornt uns auch im Job zu Höchstleistungen an. Auch berufliche Erfolge und das Spüren eigener Selbstwirksamkeit im Allgemeinen tragen entscheidend dazu bei, dass es auch zu Hause glücklich zugeht (auf Selbstwirksamkeit kommen wir später noch zu sprechen). Das sind dann Beispiele dafür, wie bestimmte Ausschnitte unseres Lebens als eine Art Resonanztankstelle fungieren, die sinnbildlich nicht nur das Fahrzeug an sich befüllt, sondern auch die vielen Kanister auf der Ladefläche. Wir können lange und an anderen Orten und Situationen davon zehren. Wir erkennen daran, dass unser Resonanzbedürfnis eine Art Lebensbedürfnis ist und keines, was auf bestimmte Bereiche beschränkt ist. Wenn wir uns fragen, was uns selbst in positive Schwingung versetzt, sollten wir in unserem gesamten Lebensentwurf nach Antworten suchen. Und zwar nicht nur in den besonders großen und präsenten Bereichen, sondern vor allem in den vielen kleinen und unscheinbaren Momenten. Das kann auch ein besonders schmackhafter Morgenkaffee, ein bewegender Theaterabend oder ein entspannender Saunabesuch mit Freunden sein.

In vielen Lebensbereichen zeigt sich unser natürliches Bedürfnis nach Resonanz. Zuvor habe ich Beispiele angeführt, die auf ein innerliches Bewegtwerden abzielen. Auf Bereiche, die uns Energie und Kraft schenken können. Wenn wir unseren Blick mal ein wenig absenken, sehen wir in unserem privaten und beruflichen Alltag viele Momente, die von unserem Bedürfnis nach Resonanz geprägt sind: Eine Mail, auf die wir noch keine Antwort erhalten haben; die erhoffte Wahrnehmung des Partners oder der Partnerin dafür, dass wir einfach so die Wohnung geputzt haben; ein Social-Media-Post, auf den wir uns möglichst viele Likes erhoffen. All das sind Momente unseres Bedürfnisses nach Wahrnehmung, nach Verstandenwerden, nach Antwort, nach Reaktion – kurz: nach Resonanz. Doch wir sollten uns nicht von ihnen abhängig machen, sondern im Kern selbst dafür sorgen, dass wir gut schwingen und unsere Energie im Wesentlichen aus Dingen ziehen, die wir selbst in der Hand haben. Alles andere dürfen wir dankbar annehmen.

Kurze Zusammenfassung dieses Kapitels
Wenn wir andere bewegen wollen, sollten wir zunächst danach suchen, was uns eigentlich selbst bewegt – woraus wir unsere eigene Energie ziehen können. Unser natürliches Bedürfnis nach Resonanz gilt übergreifend für alle unsere Lebensbereiche. Wir sollten es selbst in der Hand behalten, wo wir unsere wirklich notwendigen Resonanztankstellen aufstellen.

2.2 Resonanzfähig und resonanzwillig

Beide in der Überschrift genannten Eigenschaften sind Grundvoraussetzung dafür, überhaupt mit anderen in Verbindung treten zu können. Nach neurobiologischem und psychologischem Verständnis dürfen wir davon ausgehen, dass wir beides in uns tragen. Du erinnerst dich bestimmt noch an die Basisausstattung an Spiegelneuronen, die jeder von uns von Geburt an bei sich hat. Wie diese trainiert werden können, habe ich bereits angesprochen. Damit sei eine zentrale neuronale Grundlage gelegt, welche in wundervoller Partnerarbeit mit unserem kognitiven System die Hardwareausstattung für Resonanzfähigkeit schafft. Damit sind – wenn ich die Musik als Metapher

»

Nur wer gut klingt,
versetzt andere in Schwingung.

«

benutzen darf – die Instrumente also bei jedem vorhanden; wir sollten nur lernen, sie wohlklingend zum Einsatz zu bringen.

Der Wille zur Resonanz ist meist die größere Herausforderung. Im Grunde erwächst aus unserem eigenen Resonanzbedürfnis eine Art Resonanzwilligkeit, die aber im Zweifel dazu führen kann, dass das eigene Bedürfnis und nicht die mindestens gleichermaßen positive Wirkung auf unser Gegenüber ins Zentrum des Handelns rückt. Anders gesagt: Der Wille, das eigene Verlangen zu befriedigen, ist meist bei jedem vorhanden. Der Wille, auch dem Gegenüber diese Freude zu erweisen, nicht immer. Das hat stark mit der eigenen Haltung und individuellen Bedürfnisstruktur zu tun, mit der wir mit anderen in Beziehung treten. Wer dieses Buch bis hierher gelesen hat, weiß, dass man durch die beim anderen erzeugte positive Schwingung selbst noch stärker schwingt. Wer allerdings zu sehr mit sich selbst beschäftigt ist, um sich dem Gegenüber in wertschätzender und bewegender Art und Weise zu nähern, den möchte ich dazu aufrufen, wenigstens einen der zentralen Kernwerte im Miteinander zu leben: Respekt. Selbst da, wo kein Resonanzwille im Sinne eines bewegten Gegenübers vorhanden ist, ist ein respektvoller Umgang eine zentrale und sehr hilfreiche Voraussetzung für eine gelingende Mensch-zu-Mensch-Beziehung. Deutschlands führender Rhetorik-Experte René Borbonus hat in seinem Buch »Respekt!« dazu wundervolle Impulse, Leitsätze und Gedanken geteilt. Wir dürfen einen respektvollen Umgang mit anderen damit als Grundvoraussetzung für Resonanzwilligkeit begreifen. Dass eine resonante Beziehung ein gegenseitiges Antwortverhältnis darstellt, hatte ich bereits ausgeführt. Doch selbst wenn die Antwort ausbleibt, kein Wille zur Interaktion da ist, kein ehrliches Interesse am anderen vorhanden ist, ist ein respektvoller Umgang miteinander ein soziales Minimum, was wir voneinander einfordern und gleichermaßen selbst einbringen dürfen. Dass selbst das uns allen immer wieder schwerfällt, zeigen verschiedene kleine und große Respektlosigkeiten, die uns im Alltag immer wieder passieren. In diesem Zusammenhang möchte ich eine wundervolle Aussage des US-amerikanischen

Psychologen Arthur Ciaramicoli mit dir teilen – sie spiegelt die tiefe Verbindung aus Respekt und Einfühlungsvermögen sowie die dafür notwendige Haltung wider und bringt sie auf den Punkt. Zwar bedeutet Einfühlung für sich genommen eine aus Resonanzperspektive etwas reduzierte Sicht, dennoch stellt Empathie einen der bedeutendsten Bestandteile von Resonanzkompetenz dar. »Einfühlung und Respekt bedingen sich gegenseitig.[...] Respekt und Einfühlung verlangen gleichermaßen nach Ehrlichkeit – ein ehrliches (authentisches) Gespräch, ehrliche (unverfälschte) Aufmerksamkeit, ehrliches (aufmerksames) Zuhören und die Entschlossenheit zu ehrlicher (von Herzen kommender) Veränderung. Wenn wir ehrlich (genau) die Gedanken und Gefühle eines anderen Menschen verstehen [...], erwächst tiefer unvergänglicher Respekt für die einzigartigen Erfahrungen des anderen.« (Ciaramicoli/Ketcham 2001: 205 f.)

Kurze Zusammenfassung dieses Kapitels
Wir dürfen davon ausgehen, dass die neuronalen und psychologischen Voraussetzungen für Resonanzfähigkeit bei uns allen angelegt sind. Der Wille zu resonanten Beziehungen wird im Wesentlichen von den eigenen Bedürfnissen sowie der eigenen Grundhaltung darauf beeinflusst. Selbst wenn dieser Wille nicht vorhanden ist, ist ein respektvoller Umgang miteinander ein notwendiges Minimum für gelingende Interaktion.

2.3 Wie wir selbst schwingen

Wagen wir einmal den Blick in unser Innerstes und fragen uns danach, was uns selbst wirklich bewegt. Was in dieser Kapitelüberschrift und dem Eingangssatz vielleicht ein wenig pathetisch oder gar esoterisch klingen mag, ist meiner tiefen Überzeugung nach der zentrale Motor unseres Handelns und Wirkens. Wenn wir keine Idee und Vorstellung darüber haben, was uns selbst von innen heraus in Schwingung und Bewegung versetzt, wird es sehr schwer werden, auf Dauer und möglichst unabhängig von externen Einflüssen mit Energie durch das Leben zu ziehen. Der Begriff »bewegen« heißt im Lateinischen übersetzt im Übrigen »movere« – daraus leitet sich das ab, was wir unter Motivation verstehen. Ich bin eigentlich kein Freund des Motivations-Begriffes, denn er wird völlig inflationär von allem und jedem genutzt. Und wie das bei Inflation so erwartbar ist, wird er dadurch immer weniger wert. Alle sollen motivieren: Führungskräfte ihre Mitarbeitenden, Lehrerinnen und Lehrer ihre Schülerschaft, Vertriebsmitarbeitende deren Kundinnen und Kunden, Eltern ihre Kinder und schließlich wir alle uns selbst. Die Reihe könnten wir noch weiter fortführen. All diese Beispiele (bis auf das letzte) haben eines gemein: Jemand anderes soll dafür sorgen, dass das Gegenüber in Bewegung gebracht wird. Die Wahrheit lautet: Wir können niemanden für etwas motivieren, für das er oder sie nicht selbst eine gewisse innere Grundmotivation mitbringt. Der Anspruch in Organisationen an Führungskräfte, Mitarbeitende permanent zu motivieren und für andauernde Veränderungsbereitschaft zu gewinnen, ist ein Trugschluss. Das kann gelingen, wenn die Menschen ihre Tätigkeiten grundsätzlich gern ausüben. Dann kann ich als Führungskraft beispielsweise dafür sorgen, dass sich diesen Menschen möglichst viel Entfaltungspotenzial dafür eröffnet und versuchen, Demotivationsfaktoren von den mir anvertrauten Teams fernzuhalten. Was aber nicht gelingt, ist Menschen dauerhaft für etwas zu motivieren, was sie in ihrem Innersten nicht gern tun. Wenn jemand einfach nicht gern im Vertrieb arbeitet, können das selbst noch so viele Coachings, Trainings und Seminare meistens auch nicht ändern. Auch das monatliche Gespräch mit der Führungskraft hat da wenig Aussicht auf Veränderung. Für Führungskräfte selbst gilt das gleiche: Wenn es jemand nicht mag, sich permanent mit Belangen und Bedürfnissen anderer zu befassen und in positiver Absicht auf Wachstum der Mitarbeitenden jeden Tag seinen Mann oder seine Frau zu stehen, ist derjenige wahrscheinlich in einer Führungsrolle dauerhaft nicht richtig aufgehoben. Da hilft meistens auch keine externe Motivation und kein coachen im Überfluss. Dann wird sogar eher das Gegenteil der Fall werden: Die ins Ziel genommenen Menschen ziehen sich noch weiter zurück. Demnach sollte für jede Form von externer Motivation bei den Menschen ein innerlicher Grundfunke vorhanden sein, welchen es zu entfachen gilt. Dann können wir den Motivationsbegriff eher als Inspiration, Zuspruch und dem Bewahren vor Demotivation begreifen. Doch was macht diesen innerlichen Funken aus? Wie kommt dieser zustande? Wie lässt sich intrinsische Motivation finden? Ich möchte dich ermutigen, dir selbst einmal diese Fragen zu stellen.

Im vorigen Kapitel habe ich den Begriff der Selbstwirksamkeit verwendet. Darunter lässt sich, ganz allgemein betrachtet, verstehen, selbst zu spüren, dass sich durch das eigene Handeln etwas in der Welt verändert. Wir sind in diesem Fall durch unser Selbst wirksam. Auch das beginnt in frühester Kindheit: Kinder wollen zunehmend Erfahrungen damit sammeln, Dinge selbst zu erledigen und zu bewältigen. Eltern kennen sicherlich Sätze wie »Ich will das allein machen« – und das ist auch gut so. Denn in solchen Situationen spüren Kinder Selbstwirksamkeit. Sie entwickeln ein Gespür dafür, sich Dinge zuzutrauen und Herausforderungen zu meistern. Demnach sind solche Erfahrungen sehr wichtig und zentral dafür, dass Kinder und Jugendliche einen Sinn dafür bekommen, dass sie durch ihr Tun bei ihren Mitmenschen und in der Welt etwas bewirken und verändern können. Aus Erfahrungen der Selbstwirksamkeit erwächst zunehmend Selbstbewusstsein und Selbstvertrauen.

Keineswegs sind derartige Erlebnisse nur auf das Kindes- und Jugendalter beschränkt: Wir alle kennen das Gefühl, wenn wir durch unser Tun etwas erreicht oder Herausforderungen gemeistert haben. Das beginnt bei erfolgreicher Vollendung des ersten selbstgestalteten Gartenprojektes, über die Durchführung der vorgenommenen Sporteinheit trotz Schlechtwetter bis hin zu Fertigstellung eines wichtigen Projektes am Arbeitsplatz. Meistens fühlen wir uns danach gut. Die Psychologin Dr. Yana Fehse (2023) beschreibt es wie folgt: »Wenn Sie Pläne in die Tat umsetzen und Probleme lösen können, erleben Sie sich als selbstwirksam. Sie haben also das Gefühl, eine Sache hinzubekommen und können stolz auf sich sein«. Wer derartige Erfahrungen möglicherweise zu wenig gemacht und keine besonders hohe Selbstwirksamkeitserwartung – oder auch Vertrauen in das eigene Selbst – hat, erlebt häufig das Gefühl von Hilf- oder Machtlosigkeit. Yana Fehse führt hier den psychologischen Begriff der erlernten Hilflosigkeit an – wie der Name schon sagt: Sie ist meistens zum Großteil erlernt aufgrund zu vieler Negativerlebnisse oder ausgebliebener Erfahrungen der Selbstwirksamkeit – und hat sich in Gewohnheiten transformiert. Demnach können Menschen, die sich selbst so empfinden, wieder lernen, zu ihr zurückzufinden und mehr Selbstwert und -vertrauen zu entwickeln. »Es ist nie zu spät für ein Happy-Hirn«, wie Yana Fehse es formuliert (Fehse 2023: 56 f. und 73). Die hierfür notwendige Selbstreflexion bedeutet Verantwortungsübernahme für sich selbst und damit in der Folge dadurch auch für unsere Mitmenschen.

Erleben wir uns insbesondere in der zwischenmenschlichen Interaktion als selbstwirksam oder spiegeln für uns wichtige Menschen uns Derartiges, fühlt sich das großartig an. Menschen wollen etwas bewegen. Insbesondere in beruflichem Kontext sind es solche Erfahrungen, die Mitarbeitende brauchen. Menschen wollen spüren, dass ihre Arbeit im Gesamtkontext der Organisation einen Unterschied macht. Allzu oft ist das Ausbleiben dessen der Grund dafür, dass Mitarbeitende Unternehmen und Vorgesetzte verlassen. An all diesen Beispielen sehen wir: Erlebnisse von Selbstwirksamkeit sind Resonanzerfahrungen. Durch das eigene Tun wird etwas in Bewegung gebracht – und schwingt zurück. Dabei geht es demnach weniger um die Sache an sich, sondern um das Resonanzergebnis aus dieser Interaktion. Nehmen wir ein Beispiel: Ein Kind malt im Kindergarten ein schönes Bild. Dieses bringt es nun mit nach Hause und überreicht es den Eltern. Wenn es den Eltern nun gelingt, sich in ehrlich interessierter und wertschätzender Art und Weise darüber zu freuen, spürt das Kind eine wundervolle Resonanzerfahrung: Selbstwirksamkeit. Das müssen nicht immer materielle Dinge sein, auch durch Verhalten des eigenen Selbst lässt sich Wirksamkeit in der Welt spüren.

Wenn eine Jugendliche ein inspirierendes Referat vor ihrer Schulklasse hält und in der Folge spürt, mit ihrem Wirken die Mitschüler (und idealerweise auch die Lehrkraft) bewegt und für neue Taten inspiriert zu haben, erlebt sie Selbstwirksamkeit pur und im engsten Wortsinn. Im Business lässt sich das ebenfalls erkennen: Eine Selbstwirksamkeitserfahrung kann dann entstehen, wenn beispielsweise ein Vertriebsmitarbeitender nach einem guten Kundengespräch eine (Produkt-)Lösung für seinen Kunden bereithält, die diesen Menschen weiterbringt und bereichert – und er oder sie das sogar auch kundtut. In Führungssituationen gilt das gleiche: Das Gefühl, durch das eigene Tun bei Mitarbeitenden etwas bewirkt zu haben, was diese einem auch noch zurückspiegeln, bringt ein Erleben, ein Erfahren von Selbstwirksamkeit hervor. Es ist demnach nicht nur das Spielen eines Instrumentes an sich, was uns selbst bewegt, sondern insbesondere die Wirkung und die Resonanzerfahrung dadurch mit dem Gegenüber.

Eine besondere Form derartiger Erfahrungen ist etwas, was alle Menschen gerne mögen: Anerkennung. Wir können Anerkennung als eine Form der Resonanz verstehen: Jemand wird wahrgenommen, verstanden und erfährt sogar eine positive Reaktion und Lob. Du siehst daran (ähnlich wie bei Begeisterung), dass Resonanz zwar ohne Anerkennung funktioniert, aber Anerkennung selten ohne Resonanz. Wir alle lieben Anerkennung. Sie ist ein sogenanntes psychologisches Grundbedürfnis nach Klaus Grawe (deutscher Psychologe und Autor). Nicht selten richten wir einen Großteil unseres Handelns danach aus, diese beflügelnde Form der Selbstwirksamkeits- und Resonanzerfahrung zu machen. Es fühlt sich wundervoll an, die Anerkennung von Mitmenschen zu erhalten – und wir brauchen sie, um Erlebnisse von Selbstwirksamkeit zu haben. Das trifft auf Kinder und Jugendliche genauso zu wie auf Mitarbeitende, Lebenspartner, Führungskräfte oder Freunde. Jedem Menschen gefällt es, wenn er durch seine oder ihre Arbeit bei jemand anderem gute Resonanz erzeugt. Wenn jemand etwas anderes behauptet, ist das schlichtweg gelogen. Anerkennung für Geleistetes kommt gut an. »Nicht getadelt ist genug gelobt.« Kennst du diesen Spruch? Ich hoffe, eine derartige Philosophie ist dir in deinem eigenen Erleben bislang nicht allzu oft untergekommen. Falls doch, wissen wir, dass das so kaum richtig sein kann. Viele Menschen tun sich tatsächlich schwer damit, ausreichend und ernst gemeint zu loben. Zudem fehlt vielen das Bewusstsein dafür, wie wichtig Lob und Anerkennung für das Gefühl von Selbstwirksamkeit und Selbstwert der Menschen ist.

Kommen wir damit zurück zur intrinsischen Motivation: Sie erwächst zum größten Teil daraus, wie wirksam wir uns selbst wahrnehmen und ob wir im Verlaufe unseres Lebens das auch immer wieder spüren dürfen, nicht selten in Form von Anerkennung. Daraus erwächst eine Art Erwartung an die eigene Selbstwirksamkeit. Der kanadische Psychologe Albert Bandura hat seine Forschung seit Ende der 1980er-Jahre auf die sogenannte Selbstwirksamkeitserwartung von uns Menschen ausgerichtet. Er schreibt: »Wirksamkeitserwartungen beeinflussen, wie Menschen denken, wie sie fühlen, wie sie sich motivieren und wie sie handeln.« (Bandura 1993: 118) Verschiedene Studien zeigen beispielsweise auf, dass die Leistungen von Schülerinnen und Schülern signifikant ansteigen, wenn die Lehrkraft der inneren Überzeugung ist, durch ihr Tun wirklich an die Schülerinnen und Schüler heranzukommen, sie zu bewegen. Diese innere Überzeugung erwächst aus intrinsischer Motivation. Ein großartiges Beispiel für eine wechselseitige Resonanzbeziehung: Jemand motiviert sich innerlich selbst über das Gefühl und das Selbstvertrauen, andere zu erreichen und zu bewegen. Und aus dieser bewegenden Energie heraus gelingt das in der Folge dann auch noch und die erzeugte Schwingung kommt sogar positiv und verstärkend zurück. Fantastisch! Eines unserer wichtigsten Handlungsmotive, der Energielieferant für das Schwingen unserer inneren Stimmgabel, ist es demnach, durch das eigene Tun in der Welt etwas zu bewirken: bei anderen Menschen, Tieren, Dingen oder der Welt an sich.

In verschiedenen Persönlichkeitsentwicklungskonzepten, Selbstfindungsprozessen und Social-Media-Posts stößt man immer wieder auf die Frage nach dem sogenannten Warum. Diese zielt im Wesentlichen darauf ab, was ich zuvor beschrieben habe. Es geht darum, herauszufinden, warum man tut, was man tut. Was einen dabei antreibt, bewegt und innerlich motiviert. Ich mag die Idee des Golden Circle von Simon Sinek, der auf diese Frage abzielt. Stellen wir uns drei Kreise vor: einen äußeren, darin einen mittleren und in der Mitte einen weiteren kleinen. Der äußerste Kreis steht für das Was. Die meisten Menschen und Organisationen beschäftigen sich zuerst mit dieser Frage: Was will ich tun? Was soll mein Beruf werden? Was bringen wir an neuem Produktsortiment? In der Folge wird dann beim mittleren Kreis unter der Leitfrage des Wie überlegt: Wie gehen wir das an? Wie bekommen wir einen Studienplatz? Wie organisieren wir den Vertrieb? Wie gewinnen wir Kundinnen und Kunden? Und erst zum Schluss (oder manchmal auch gar nicht) überlegen sich die Menschen, warum sie tun, was sie da tun. Der innerste Kreis steht demnach für die Leitfrage des Warum oder auch des Wofür. Wirklich erfolgreiche Menschen und Organisationen gehen die Sache genau andersherum an: Zuerst fragt man sich, warum man tun will, was man tut. Was soll die Wirkung auf die Welt sein? Was will ich durch mein Tun da draußen verändern? An welchen Stellen möchte ich etwas bewegen und was bewegt mich selbst? Du siehst, die pure Frage nach Selbstwirksamkeit. Erst danach kann man sich damit beschäftigen, wie man das Ganze angehen möchte, woraus dann ein Ergebnis resultiert. Wenn jemand beispielsweise für sich erkennt, dass es dem eigenen Selbst wahnsinnig Energie gibt, anderen Menschen zu helfen, könnte dies eine erste Antwort auf die Frage des innersten Kreises sein. Vielleicht kommt als Extrakt der Überlegungen heraus, dass der- oder diejenige gern als Rettungssanitäter oder Polizistin arbeiten möchte. Wir müssen das Ganze auch gar nicht auf den beruflichen Kontext reduziert sehen: Es kann sogar ein Ehrenamt oder eine Vereinstätigkeit aus dem eigenem Warum erwachsen. Wie ich schon angesprochen habe, Resonanzerfahrungen gelten immer übergreifend in unserem Leben, insofern kann auch ein Ehrenamt eine wundervolle Resonanztankstelle sein. Warum sollten sich Menschen ansonsten dafür entscheiden, in ihrer Freizeit ohne materielle Entlohnung anderen und damit sich selbst etwas Gutes zu tun? Die Antwort lautet: Weil sie bereichernde Erfahrungen von Resonanz spüren. Sie tun etwas und es kommt dadurch etwas zu ihnen zurück. So kann es bei Unzufriedenheiten im Job, die auf mangelnde Resonanz zurückzuführen sind, helfen, sich andere Möglichkeiten der Selbstwirksamkeit und der Resonanzerfahrungen im Leben zu suchen. Vielleicht entdeckst du dadurch ein neues Hobby oder ein Heimwerkerprojekt für dich, welches dich in Schwingung versetzt und dir Glücksmomente verschafft. Das wunderbare daran: Schwingst du dadurch insgesamt zufriedener und positiver, werden das auch deine Kolleginnen und

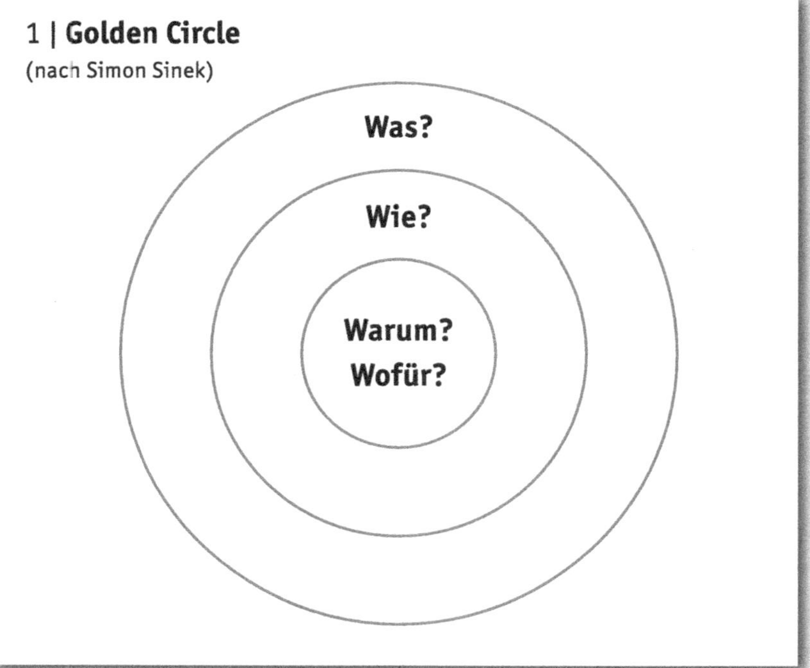

Kollegen sowie dein Chef spüren – wenn auch unbewusst. Vielleicht findet sogar emotionale Ansteckung statt. Manchmal kann es helfen, dem eigenen Bedürfnis nach Erkanntwerden, nach Wertschätzung, nach Selbstwirksamkeit nicht permanent nachzueifern, wenn wir Derartiges bei den Menschen, mit denen wir es beruflich oder im Privaten zu tun haben, nicht bekommen können. Dann sollten wir nach anderen Möglichkeiten suchen, dieses zu erfüllen – man muss nicht immer sofort den Job kündigen. Auch wenn der Beruf sicher einen der bedeutendsten Lebensbereiche dafür darstellt, wie glücklich und zufrieden wir uns fühlen: Wir können auch an anderen Stellen im Leben durch unser Selbst wirksam sein und Resonanz spüren.

Wem die Idee des Golden Circle zu lapidar klingen mag, dem kann ich noch ein weiteres Konzept ans Herz legen, welches sich mit der Frage der eigenen Schwingung, der eigenen Leidenschaften, der eigenen intrinsischen Motivation beschäftigt. Die japanische Philosophie des sogenannten Ikigai stellt Fragen danach, was einen im Leben wirklich bewegt. Frei übersetzt bedeutet ikigai: »Das, wofür es sich zu leben lohnt«. Hier geht es nicht bloß darum, in sein Innerstes zu blicken, sondern auch einen Bezug zum Umfeld und zum Beruf herzustellen. In den vier Arbeitsfeldern Passion, Mission, Berufung und Beruf beschäftigt man sich mit reflexiven Fragen danach, was einen zum Schwingen bringt. Beispielsweise Fragestellungen wie »Was begeistert dich?«, »Für welche Werte stehst du ein?« oder »Worin bist du gut?« findet man darin genauso wieder wie »Gibt es Probleme, die du lösen willst?« oder »Womit verdienst du Geld/kannst du Geld verdienen?«. Es geht darum, zwischen allen Bereichen und deren weitergehenden Fragen eine möglichst hohe Schnittmenge zu bilden. Ich arbeite unter der Überschrift »*Sinn*fonie des Lebens« sehr gern mit dieser Methode, da ich sie als sehr inspirierend empfinde und sie durch den Bezug zur Außenwelt sehr praxistaugliche Ideen und Ergebnisse hervorbringt. Je näher du an deinem sogenannten Ikigai, deiner *Sinn*fonie, deiner Schnittmenge der vier Betrachtungsebenen wirkst, desto leichter wird es dir fallen, durch dein Tun andere Menschen zu bewegen. Deine

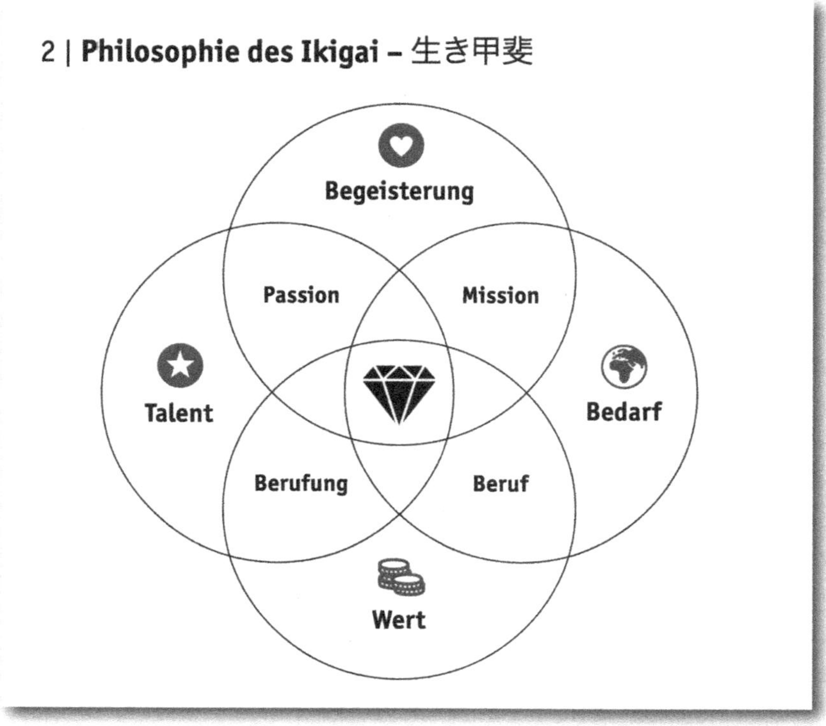

Resonanzfähigkeit steigt mit jedem Bereich, den du ansprichst und bedienst. Wer liebt, was er tut, dafür ein gewisses Talent hat und damit sogar noch Bedarf in der Welt bedient, der wird solche starken innerlichen Schwingungen ausstrahlen, die sich auf andere Menschen übertragen und sie regelrecht damit anstecken. Umso größer das Geschenk, wenn man damit noch seinen Lebensunterhalt bestreiten kann.

Unabhängig davon, welche Tools und Methoden uns auf dem Weg zur Frage nach Selbstwirksamkeit helfen – Antworten darauf zu finden, was uns selbst in Schwingung versetzt, ist eine zentrale Grundvoraussetzung für die

Fähigkeit und die Kompetenz, andere Menschen zu bewegen. Daraus entwickelt sich eine ansteckende Leidenschaft und Motivation, die sich auf andere überträgt.

> **Kurze Zusammenfassung dieses Kapitels**
> Das Gefühl von Selbstwirksamkeit bringt uns nachhaltig selbst zum Schwingen. Sie bedeutet, sowohl seine eigenen Bedürfnisse und Leidenschaften zu kennen und zu ihnen zu stehen als auch das Gefühl und die Erfahrung, damit in der Welt etwas zu bewirken.
> Antworten darauf zu finden, was uns selbst in Schwingung versetzt, ist eine zentrale Grundvoraussetzung für die Fähigkeit und die Kompetenz, andere Menschen zu bewegen.

2.4 Die eigenen Klangfarben (er)kennen

Die Frage danach, was einen selbst in Schwingung versetzt, ist Selbstreflexion pur. Nicht jedem fällt es leicht, sich mit sich selbst in ehrlicher Weise auseinander zu setzen. Möglicherweise trifft man damit auch auf Stellen, wo man nicht so gern hinschauen würde, an denen es vielleicht sogar schmerzt. Doch oft sind es gerade solche Erfahrungen und Erkenntnisse, die einen wachsen lassen – sogar über sich hinaus. Diplom-Psychologe Rolf Schmiel hat es in dem Gespräch im Kapitel 1.4 »Resonanz aus psychologischer Sicht« so schön formuliert: »Persönlichkeitsentwicklung findet nur dann statt, wenn es persönlich wird«.

Unabhängig vom Entwicklungs- und Wachstumsgedanken der eigenen Persönlichkeit braucht es für das Eingehen von Resonanzerfahrungen mit dem Gegenüber ein Bewusstsein über das, was einen ausmacht, bewegt und antreibt: die eigenen Klangfarben. Um im Bild der Stimmgabel zu bleiben: wie die eigene Frequenz ist. Wir sollten ein Gespür dafür entwickeln, wie wir selbst schwingen und auf welchen Frequenzen wir am Liebsten bewusst und vor allem unterbewusst aussenden. Damit meine ich sinnbildlich unsere eigenen Werte, Überzeugungen und emotionalen Bedürfnisse. Nur wenn wir darüber ein Bewusstsein über unser Selbst haben, schaffen wir es, gute Bedingungen für Verbindung und Wertschätzung gegenüber unseren Mitmenschen herzustellen. Ein kleines Beispiel: Wenn ich von mir selbst weiß, dass mir beispielsweise Werte wie Pünktlichkeit und Verbindlichkeit sehr wichtig sind, lässt sich die eigene emotionale Reaktion bei wahrgenommener Unpünktlichkeit des anderen besser verstehen und handeln. Oder wenn das eigene emotionale Bedürfnis nach Freiheit und Autonomie auf Situationen und Begegnungen trifft, die einen einengen oder fremdbestimmen, verstehen wir besser, warum die Erfahrung von Resonanz ausbleibt.

Sich mit seinem eigenen Wertesetting und den persönlichen emotionalen Bedürfnissen zu befassen, war und ist für mich selbst eine der wertvollsten Erfahrungen meines Lebens. Diese Art von Selbstreflexion schafft nicht nur Erkenntnisse und Verständnis für das eigene Selbst, sondern beeinflusst auch jegliche Art von Lebensbeziehung. Insbesondere in hohem Maße emotionale Reaktionen und ein hohes innerliches Energieaufkommen lässt sich darauf zurückführen, wie sehr man selbst in seinen Werten und Bedürfnissen berührt oder auch verletzt wird. Ein solcher Wertekonflikt war es, der für mich das auslösende Momentum für die Frage nach beruflicher Veränderung war. Rein objektiv und rational betrachtet hatte ich damals sehr vieles davon, was man als beruflichen Erfolg bezeichnen könnte: eine steile Karriere, Führungsaufgaben, Verantwortung – und das in jungen Jahren. Doch immer wiederkehrende Erfahrungen von Werteverletzungen führten dazu, dass das Gefühl mentalen und auch körperlichen Unwohlseins und Schmerzes entstand. Und eben dieser Schmerz führte zu Selbstreflexion und im Ergebnis einer Veränderung hin zu den eigenen Werten, Bedürfnissen und Überzeugungen. Diese wirklich bewusst und klar zu (er)kennen, ist eine basale Grundlage für gelingende Beziehungen mit unseren Mitmenschen und mit der Welt an sich.

Wollen wir mit anderen selbstwirksam in Resonanz treten, entscheiden diese über den Erfolg oder Misserfolg der zwischenmenschlichen Interaktion.

Glücklicherweise unterliegen wir in unserem Verhalten nicht permanent und dogmatisch dem System unserer Werte und emotionalen Bedürfnisse. Und dieses existiert auch nicht starr in uns, sondern es verändert und entwickelt sich im Verlaufe unseres Lebens immer weiter. Zudem ist es abhängig von Lebensphasen, Tagesformen und Situationen – insbesondere emotionaler Bedarf ist mitunter sehr volatil. Manchmal kommen in uns Gefühle auf, deren Ursprung wir nicht begreifen können. Immer dann, wenn uns Emotionen im Verhalten leiten, sollten wir uns bewusst machen, welche Wirkung dies auf uns selbst und unser Gegenüber hat. Unsere Werte und Haltungen bestimmen, wer wir sind und wie wir handeln, Emotionen bringen uns in Bewegung. Daher kann es sinnvoll sein, seine Gefühle und Emotionen in bestimmten Situationen zu hinterfragen. Mithilfe des sogenannten ABC-Modell von Albert Ellis kann man beispielsweise Aufschluss darüber gewinnen, woher sie kommen und warum wir sie in einer bestimmten Form spüren. Dabei steht das A für das sogenannte Activating Event, B für Belief und C für Consequence. Es stellt sozusagen einen Dreiklang aus einem Ereignis, der persönlichen Bewertung dessen und dem emotionalen Ergebnis daraus her. Nehmen wir ein Beispiel: Deine Führungskraft hat dir zugesagt, dich heute um 14:00 Uhr anzurufen. Nun ist es bereits 14:30 Uhr und der Anruf ist bislang ausgeblieben (Activating Event). Du denkst, dass dein Chef Wichtigeres zu tun hat, als mit dir zu sprechen. Du fürchtest vielleicht sogar, dass er dich vergessen hat oder absichtlich nicht anruft, um dir eins auszuwischen (Belief). In der Folge spürst du eine Kränkung oder Wut (Consequence). An diesem kleinen Beispiel erkennen wir, dass die Musik im Wesentlichen in der Bewertung von bestimmten Ereignissen liegt. Die wahrgenommenen Gefühle und Emotionen entstehen meist aus subjektiven Werteverletzungen, Bewertungen und Annahmen, die wir treffen. Um dieser Art Reiz-Reaktions-Muster zu entkommen und Bewusstsein dafür zu schaffen, kann es hilfreich sein, seine Bewertungen zu überdenken. Im genannten Beispiel könnte man sich beispielsweise fragen, ob die Annahmen realistisch sind. Oder ob es Hinweise oder Gründe dafür geben könnte, dass der andere so handeln könnte, wie man es befürchtet. Findet man selbst hierauf eine Antwort, die die eigene Bewertung und Annahme unrealistisch werden lässt, verändert sich auch das Gefühl und in der Folge das eigene Verhalten. Denn das Gefühl einer Kränkung hätte im genannten Beispiel ein Verhalten des Sich-selbst-Stärkens oder des Sich-Wehrens zur Folge – alles zurückzuführen auf die Bewertung, die wir selbst getroffen haben. In Momenten besonders starker Gefühle kann es zur Bewusstwerdung hilfreich sein, etwas Abstand zur Situation zu bekommen. In dieser Zeit ist Selbstreflexion im Sinne einer Bewertungsüberprüfung sehr nützlich, um die eigene Consequence zu beeinflussen.

Uns allen ist die Kompetenz geschenkt, unser Verhalten aktiv zu beeinflussen, wenn wir es nur wollen. Wir könnten uns beispielsweise also dafür entscheiden, zugunsten von Resonanz mit unserem Gegenüber entgegen unseren eigenen Bedürfnissen zu handeln. Ich glaube sogar, dass viele von uns das immer wieder tun. Bist du schon mal zu einem Treffen mit Bekannten gegangen, obwohl du eigentlich gar keine Lust darauf hattest und sogar müde warst? Oder hast du schon mal eine Notlüge verwendet, obwohl dir der Wert Ehrlichkeit eigentlich sehr wichtig ist? Dann hast du im Grunde entgegen deiner Werte und Bedürfnisse gehandelt. Und das ist auch gar nicht schlimm, solange das nicht ständig passiert. »Die Dosis macht das Gift« – diesen Spruch kennen wir alle. Übertriebener Altruismus ist genauso schädlich wie zu viel Egoismus. Es geht vielmehr darum, seine eigenen Werte, Überzeugungen, Verhaltensweisen und Bedürfnisse zu kennen und sie nicht permanent beiseite zu schieben. Sie auch nicht zugunsten anderer verändern zu wollen, sondern sie liebevoll selbst anzunehmen. Handeln wir dauerhaft entgegen dieser, wird das wahnsinnig viel Energie kosten und die Schwingung der eigenen inneren Stimmgabel wird schwächer. Demnach wird sie auch andere nicht mehr in dem Umfang bewegen können, wie wir es für nachhaltige und beiderseitig bereichernde Resonanz brauchen. Du erinnerst dich wieder an das Stimmgabel-Experiment.

Agieren wir in Übereinstimmung mit der Struktur und den Farben unseres inneren Klanges, erleben uns unsere Mitmenschen als echt und authentisch – und wir sind in unserer eigenen Energie. Menschen, die sich selbst kennen, annehmen und lieben, haben eine besondere Wirkung auf das Gegenüber. Sie sind als Mensch wirksam und erlebbar. Meist spürt das Gegenüber, wenn das nicht der Fall ist. Wenn jemand eine Art Rolle spielt, die ihm oder ihr nicht entspricht, werden sich Mitmenschen wohl eher nicht für ihn oder sie entscheiden – weder im Verkauf oder in der Führung noch in privaten Beziehungen. Und nicht nur das: Rollen zu spielen, die einem selbst nicht entsprechen, wird auf Dauer für einen selbst auch unglaublich anstrengend werden. Demnach führt ein authentisches Auftreten nicht nur zur Wirkung bei unserem Gegenüber, sondern auch bei uns selbst. Doch was bedeutet Authentizität überhaupt? Ich versuche einmal, es als eine Art Einklang mit sich selbst zu umschreiben. Handeln und agieren wir nach unseren Maximen und Überzeugungen, erleben uns andere als echt und authentisch. Das, was wir sagen, entspricht dem, was wir denken, was wir fühlen, was wir tun und was wir ausstrahlen. Die Ton-, Bild- und die Gefühlsspur sind im Einklang miteinander. Nicht zu verwechseln ist das damit, alles zu sagen, was man denkt. Das könnte mitunter zu Verletzungen von anderen führen. Es wäre in diesem Fall zwar ehrlich und vielleicht sogar authentisch, aber birgt enorme Verletzungsgefahr. Umgekehrt allerdings sollte es immer der Fall sein: Das, was wir sagen, sollten wir auch meinen, fühlen und verkörpern. In Resonanztrainings frage ich die Teilnehmenden gerne danach, welche bekannten Persönlichkeiten für sie authentisch sind und woran sie das jeweils festmachen. Die Antworten zielen zu allermeist auf den Einklang ab, den ich zuvor beschrieben habe.

Sich selbst als authentisch anzusehen und von anderen als authentisch wahrgenommen zu werden, kann bisweilen auch auseinander liegen. Das wäre eine klassische Dissonanz zwischen Selbst- und Fremdbild. In der Interaktion mit anderen, die auf eine verbindende Beziehung abzielt, ist es meist entscheidend, ob wir vom anderen als authentisch wahrgenommen werden. Denn ist dies nicht der Fall, wird sich der oder die andere nur schwer auf uns einlassen können. Er oder sie könnte bewusst oder unterbewusst ein Störgefühl haben, dass irgendetwas in der Wirkung des anderen nicht im Einklang ist. Demnach gilt es auch in puncto Authentizität, sich selbst immer wieder zu reflektieren und gegebenenfalls auch Rückmeldungen anderer Menschen einzuholen, die einem dabei helfen können. Natürlich nur von solchen, die es auch gut mit einem meinen. Authentizität ist das, was den eigenen innersten Klang in all seinen Farben für andere erlebbar macht und somit ein wundervolles Resonanzfeld eröffnet.

»Willst du ein guter Mitmensch sein, dann schau auch in dich selbst hinein« – eine wundervolle Weisheit, welche im Original zurückgeht auf den deutschen Psychologen und Kommunikationswissenschaftler Friedemann Schulz von Thun. Damit ist nahezu alles gesagt.

Kurze Zusammenfassung dieses Kapitels
Die Fähigkeit und der Wille für eine ehrliche Selbstreflexion halte ich für einen der wichtigsten Skills unserer Zeit. Darunter versteht man im Grunde eine Art Selbstwahrnehmung, -beobachtung und ein Hinterfragen der eigenen Verhaltensweisen und Gefühle. Wollen wir andere Menschen erreichen und bewegen, beginnt das immer bei uns selbst. Ein authentisches und ehrliches Auftreten führt dazu, dass wir als Mensch für andere erlebbar sind – unsere innerliche Schwingung wird im Außen erlebbar.

2.5 Sendefrequenzen bestimmen

»Man kann nicht nicht kommunizieren« – kaum ein Satz des österreichischen Philosophen und Psychotherapeuten Paul Watzlawick ist so berühmt geworden wie dieser. Und das meiner Ansicht nach völlig zu Recht. Was bedeutet das für die Interaktion mit unseren Mitmenschen? Im Wesentlichen sollte uns allen bewusst sein, dass wir in allem, was wir tun und auch nicht tun, immer Schwingungen und Reaktionen in der Außenwelt erzeugen. Keine Antwort kann also auch eine Antwort sein – ebenfalls ein Spruch, der uns allen geläufig ist. Wenn dem also so ist, dass wir immer schwingen und wirken, stellt sich die entscheidende Frage danach, wie genau das vonstattengeht und ob wir uns dessen tatsächlich immer bewusst sind.

Im vorigen Kapitel habe ich ein paar Gedanken zu den eigenen Klangfarben und deren -struktur geteilt. Diese führen mit ihren Bestandteilen der eigenen Werte, Überzeugungen und emotionalen Bedürfnisse im Wesentlichen zu unserem Verhalten. Wenn wir uns dieser Dinge nicht bewusst sind, können wir unsere sprichwörtliche Sendefrequenz im Außen wohl kaum beeinflussen. Die gute Nachricht lautet: Wir haben es zu allermeist selbst in der Hand, auf welchen Frequenzen wir senden wollen. Voraussetzung dafür ist das zuvor angesprochene Bewusstsein und ein Grundinteresse daran, dass zwischenmenschliche Interaktion gelingen soll. Und so senden wir nicht bloß mit unserer verbalen Kommunikation, sondern vor allem mit der nonverbalen. Dazu gehört unsere Mimik, Gestik, Kleidung und Frisur genauso wie unsere innere Gefühlswelt. Insbesondere die innerlichen Schwingungen haben zwar eine nicht direkt greifbare Wirkung auf unser Umfeld, dennoch eine sehr entscheidende. Du erinnerst dich beispielsweise an die Spiegelneuronen und die großartige Forschung und Arbeit des Psychologen Joachim Bauer dazu. Menschen erspüren anderen Menschen – ob bewusst oder unbewusst.

Da wir also immer auf allen Kanälen senden – ob wir wollen, oder nicht –, dürfte uns klar sein, dass wir dadurch Wirkung in der Welt erzeugen. Und wir sollten von anderen keine schwungvollen Frequenzen im Miteinander erwarten, die wir nicht selbst bereit sind, einzubringen. Unsere eigene Frequenz und Stimmung überträgt sich nämlich durchaus auf unser Gegenüber. Diese Art emotionaler Ansteckungen ist nicht zu unterschätzen. Selbst wenn eine Führungskraft ein gutes Wording, eine bewusste Mimik und Gestik und das entsprechende äußerliche Auftreten an den Tag legt – wenn innerlich sinnbildlich etwas nicht stimmt beziehungsweise nicht stimmig ist, spüren das die Mitarbeitenden. Es sei denn, der- oder diejenige hat über Jahre das Schauspiel-Handwerk erlernt und perfektioniert. Eine ehrliche Selbstreflexion sowie die Schaffung eines Bewusstseins werden dazu führen, seine Sendefrequenzen zu kennen und zu beeinflussen – wenn wir wollen.

Kurze Zusammenfassung dieses Kapitels
Wir schwingen immer – in allem, was wir tun. Diese innerlichen Schwingungen zeigen sich vor allem in Verbalem, Mimik und Gestik sowie unserem gesamten Verhalten. Sich seiner selbst und dessen bewusst zu sein, kann zu einer neuen Qualität zwischenmenschlicher Beziehung führen. Unsere Sendefrequenzen haben wir zuallermeist selbst in der Hand.

2.6 Nicht jeder Klang führt zu Resonanz

Auch wenn wir es uns manchmal noch so sehr wünschen, mit anderen Menschen in eine verbindende Beziehung des Erkennens, des Respekts und der Wertschätzung zu treten, können wir dies schlussendlich nicht gezielt steuern. Diese Erkenntnis ist sehr wichtig – nicht zuletzt für den eigenen Selbstwert. Ein Ausbleiben von Resonanz bedeutet nicht zwangsläufig, dass die eigenen Bemühungen unzureichend waren. Es kann auch bedeuten, dass die ausgesendeten Schwingungen einfach nicht aufgenommen oder erwidert wurden. Da Resonanz als Antwortverhältnis zu begreifen ist, kann die Antwort durchaus auch ausbleiben. Uns bleibt demnach nur die Chance, durch unser Selbst gute Bedingungen dafür zu schaffen, dass sich Menschen uns verbunden fühlen können und umgekehrt. Die notwendige innerliche Haltung (darauf kommen wir im nächsten Kapitel tiefergehend zu sprechen) sowie eine ehrliche Selbstreflexion schaffen beste Voraussetzungen, dass zwischenmenschliche Resonanz entstehen kann.

Wir treffen in unserem privaten und beruflichen Alltag sicher immer wieder auf Situationen, wo genau das nicht gelingt. Wo auch ein Nachdenken über das eigene Verhalten und ein empathisches Verständnis für den anderen nicht zu beiderseitiger Resonanz führt. Das kann zwar mit dir selbst zu tun haben, muss es aber nicht. Denn auch dein Gegenüber schwingt auf einer gewissen Frequenz mit einem Klang, der seine oder ihre innerlichen Überzeugungen und Bedürfnisse zum Ausdruck bringt. Die große Kunst ist es, sich aufeinander einzuschwingen – auf eine Wellenlänge zu finden. Dafür brauchen allerdings beide Interaktionspartner vieles davon, was ich in den Kapiteln zuvor versucht habe, deutlich zu machen. Wenn du nun jemanden vor dir hast, bei dem oder der du spürst, dass große Teile davon nicht vorhanden sind, hast du im Grunde zwei Möglichkeiten: Du ärgerst dich darüber, dass der oder die andere deine Resonanzbemühungen nicht sieht (oder aufgrund zu großer Eigenbedürftigkeit nicht sehen kann) oder du findest mit dir selbst insofern ins Reine, dass du aus deiner selbstreflektierten Perspektive ehrliche Bemühungen gezeigt hast. Und du schließt friedvoll damit ab, dass du nicht die Macht besitzt, andere Menschen zu ändern. Was hier in wenigen Zeilen plausibel und logisch klingen mag, ist in der Praxis gar nicht so einfach. Denn was passiert, wenn andere unserem aufrichtigen Resonanzersuchen mit mangelnder Wertschätzung und Respektlosigkeiten begegnen? Wir fühlen uns gekränkt. Wir können noch so viele Gründe dafür reflektieren, warum unser Ersuchen keine Rückwirkung erfährt. Unser Verstand mag sich damit wohl abfinden, das Unbewusste registriert aber ein nichterfülltes Bedürfnis nach Anerkennung und nach Selbstwirksamkeit für unsere Anstrengungen – und reagiert mit entsprechende Emotionen. Wir unterstellen vielleicht sogar, dass der oder die andere das mit purer Absicht macht oder uns schaden will. In der Folge spüren wir noch stärkere Gefühle. Das zuvor dargestellte ABC-Modell kann hier immerhin für etwas mehr Klarheit und Bewusstsein sorgen.

Es ist hilfreich, sich in solchen Momenten immer wieder bewusst zu machen, dass der oder die andere in den seltensten Fällen mutwillig oder absichtlich agiert, sondern möglicherweise gewissermaßen fremdgesteuert von seinen oder ihren eigenen innerlichen Bedürfnissen handelt. Die Wirkung derer ist so machtvoll in unserem Verhalten, sodass wir – wenn wir nicht aufpassen und selbstreflektiert durch das Leben gehen – diese immer an erster Stelle sehen. Und so kann es dazu führen, dass trotz eigentlich guter Bedingungen und Bemühungen keine Resonanz im Miteinander entstehen kann, weil das Gegenüber möglicherweise zu sehr mit sich selbst beschäftigt ist. Und das selten in böser Absicht, sondern in einem oft unbewussten Ergebnis jahrelangen Erlebens. Wer daran etwas verändern möchte, hat nur selbst die Chance dazu.

Trotz unserer innerlichen Klangfarben und -struktur haben wir jeden Tag die Chance, unsere Sendefrequenzen neu zu bestimmen und Verantwortung für uns, unser Verhalten und Handeln zu übernehmen. Stellen wir uns bildhaft ein innerliches Klavier vor: Bestimmte Tasten und Melodien spielen wir immer wieder – ob bewusst oder unbewusst. Doch wir haben zu jeder Zeit die gesamte Klaviatur zur Verfügung, wenn wir es wollen und wir uns (zu)trauen, uns damit zu beschäftigen. Oft bringen wir dadurch Klänge und Frequenzen hervor, die wir selbst nicht für möglich gehalten haben. Auch die Kombination aus schwarzen und weißen Tasten geht fließend ineinander. Doch für das Spielen an sich ist jeder selbst verantwortlich. Es gilt daher: Play the piano.

Wir sollten nichts von anderen erwarten, was wir nicht selbst bereit sind, dem anderen entgegenzubringen. Und wer zu viel von seinem Gegenüber erwartet, läuft ohnehin oft Gefahr einer Enttäuschung. Demnach möchte ich dir mit auf den Weg geben, ganz bei dir zu bleiben, wenn du spürst, dass der oder die andere nicht in Resonanz gehen kann oder will. Wir können immer nur versuchen, die »beste« Form von uns selbst zu sein und darauf vertrauen, dass der oder die andere das auch möchte und etwas dafür tut.

Nachdem wir in den vergangenen Kapiteln nun den Hauptfokus darauf gerichtet haben, was den Klang der ersten Stimmgabel ausmacht, schauen wir im Folgenden, wie wir mit anderen gut zueinander finden können. Wie es uns gelingen kann, andere Menschen zu verstehen, zu bewegen und zu gewinnen.

> **Kurze Zusammenfassung dieses Kapitels**
> Wir können Resonanz nicht gezielt herstellen, sondern nur gute Bedingungen dafür schaffen und auf eine Antwort vertrauen. Auch, wenn keine zwischenmenschliche Verbindung entsteht, geschieht dies selten aus purer Absicht des Gegenübers. Unsere Bemühungen sollten darauf gerichtet sein, als erste Stimmgabel gut zu klingen und zu schwingen.

3.

Resonante Beziehungen

3.1 Resonanz mit unserem Gegenüber

Auch wenn wir die beiden sinnbildlichen Ebenen der ersten und zweiten Stimmgabel nicht strikt voneinander trennen können, möchte ich in dem nun folgenden Hauptkapitel etwas tiefer auf die zweite Stimmgabel eingehen. Das bedeutet, die Frage danach, wie es uns gelingen kann, Beziehungen zu unseren Mitmenschen aktiv und für beide Seiten bereichernd zu gestalten. Die Vokabel Beziehung klingt dabei immer recht groß, sie meint nach meiner Interpretation im Grunde jedwede zwischenmenschliche Begegnung, in der eine Interaktion stattfindet. Das ist beim Einchecken im Hotel genauso der Fall wie beim telefonischen Support des Netzanbieters – sowie zwischen Führungskraft und Mitarbeitendem genauso wie zwischen Lebenspartnern und Lebenspartnerinnen. Überall dort, wo Menschen im Privat- und Berufsleben aufeinandertreffen und bewusst oder unbewusst miteinander kommunizieren, entstehen Begegnungs- und Beziehungsverhältnisse. Und wo in Beziehungsverhältnissen beiderseitige Resonanz – aufmerksame Wahrnehmung, respektvolle Interaktion, wertschätzender Dialog – entsteht, sind Menschen einander zugewandter, aufnahmebereiter, aufmerksamer und erfolgreicher. Das trifft im klassischen Business genauso zu wie beispielsweise in der Schul-, Aus- und Weiterbildungsbranche. Es ist erwiesen, dass beispielsweise Schülerinnen und Schüler bessere Leistungen erbringen, wenn sich eine verbindende Beziehung zur Lehrkraft aufgebaut hat – und sei es nur das Gefühl von Sympathie. Das Empfinden von Verständnis, Wertschätzung und auch Raum für Selbstwirksamkeitserfahrungen tragen in hohem Maße dazu bei, dass sich eine Verbindung im Sinne der Resonanz entwickeln kann: Dr. Jens Beljan und Prof. Dr. Michael Winkler schildern in ihrem Buch »Resonanzpädagogik auf dem Prüfstand« beispielsweise die Situation, dass sich eine Gruppe ständig den Unterricht störender Problemschüler nahezu verwandelt habe, nachdem diese im Rahmen schulischer Möglichkeiten eine T-Shirt-Firma gründen durften. Die Schülerinnen und Schüler zeigten sich nach dieser Erfahrung viel offener und engagierter und brachten sich in den Unterricht ein

(Beljan/Winkler 2019: 79 f.). Hier zeigt sich, wie sehr sich Menschen öffnen können, wenn sie sich gesehen, respektiert und als selbstwirksam erleben. Für Trainings und Seminare gilt das gleiche: Der Output aus dem Input wird immens höher sein, wenn sich die Teilnehmenden vom Seminarleiter wahrgenommen, erkannt und verstanden fühlen. Wer andere Menschen für sich, seine Botschaft oder eine Sache gewinnen will, sollte demnach ausreichend Wert auf die Qualität der Beziehung legen – wie das im Sinne der Resonanz gelingen wird, darauf kommen wir in den folgenden Kapiteln zu sprechen. Die Resonanzbeziehung zwischen zwei Interaktionspartnern ist der entscheidende Nährboden für die fachliche oder inhaltliche Saat, die auf ihm gestreut wird. Das gilt für Redner, Trainer und Lehrer genauso wie für Partner, Eltern und Führungskräfte.

Menschen, die in unseren Wahrnehmungshorizont treten, aktivieren völlig automatisch und ohne eine willentliche Absicht unsere neurobiologische Resonanz (Bauer 2006: 89). Ob wir ihnen in der Folge unsere bewusste Aufmerksamkeit schenken, ist eine andere Frage. Aber zunächst einmal nehmen wir andere Menschen bewusst oder unbewusst wahr. Das im Kapitel 1.4 »Resonanz aus psychologischer Sicht« angeführte Beispiel aus einem vollen Bahnhof macht diese These gut greifbar. Wir haben die Grundfähigkeit, andere Menschen wahrzunehmen und zu spüren. Was braucht es nun dafür, daraus auch eine resonante Beziehung erwachsen zu lassen? Zunächst eine eigene Grundeinstellung und innere Haltung, die Resonanz im Miteinander überhaupt zulässt und ermöglicht.

Zur Verdeutlichung dieser notwendigen Haltung verwende ich gern das Beispiel des im fünfzehnten Jahrhundert lebenden Arztes und Astronomen Nikolaus Kopernikus. Er ist dafür bekannt geworden, durch seine Arbeit eine völlig neue Weltsicht eröffnet zu haben. Man war zuvor davon ausgegangen, dass die Erde eine Scheibe sei und sich andere Planeten um die Erde drehen, die den Mittelpunkt des Universums darstelle. Kopernikus widerlegte mit seiner

Forschung diese bisherigen Annahmen und entwickelte das sogenannte heliozentrische Weltbild. Im Gegensatz zum Geozentrismus ist die Erde hier als Teil eines großen Ganzen zu begreifen, in dem sich mehrere Planeten umeinander, miteinander und nebeneinander um ein gemeinsames Energiezentrum drehen: die Sonne. Vor diesem neuen Weltbild war zudem die vorherrschende Meinung, die Erde sei eine Scheibe. Sowohl die Arbeit um das heliozentrische Weltbild als auch bekannt gewordene Protagonisten wie Galileo Galilei widerlegten auch diese Annahme. Übrigens wurde Galilei als Verfechter des damals neuen Heliozentrismus von der Inquisition verurteilt, da diese neue Weltauffassung, dass die Erde nicht der Mittelpunkt des Universums sei, nicht der damaligen kirchlichen Weltanschauung entsprach. Es ist schon erstaunlich und traurig zugleich, an wie vielen Stellen der Menschheitsgeschichte kollektiver Irrtum dennoch Irrtum bleibt. Und wie sehr die Angst vor Veränderung und Machtverlust dazu führt, die eigentliche Wahrheit zu leugnen. Immer wieder zeigen sich solche Phänomene sowohl in Geschichte, Gesellschaft und Politik als auch in den Mikrokosmen zwischenmenschlicher Beziehungen.

Was können wir nun aus dem Beispiel des Kopernikus für die Gestaltung zwischenmenschlicher Beziehungen lernen? Zwei Aspekte erscheinen mir hier sehr zentral. Erstens: Die Erde ist keine Scheibe. Das bedeutet, auch wenn wir glauben, alles überblicken zu können und die Kartografie unserer Umwelt und Mitmenschen verstanden zu haben, so gibt es dennoch Orte, die wir nicht sehen und nicht kennen. Und diese können sogar sehr schön, spannend und inspirierend sein. Auch mit unseren Mitmenschen können wir solche Erfahrungen machen: Niemals können wir den anderen gänzlich überblicken und alles von ihm oder ihr sehen oder erfassen. Aber wir können uns auf die Reise machen, Neues zu entdecken und uns auf eine Art Abenteuer im Miteinander einlassen. Auf eine Ungewissheit, was kommen wird, wohin die Interaktion führt, was wir entdecken werden. Das ist der erste grundlegende Teil der inneren Haltung, die es meines Erachtens für gelingende und bewegende Beziehungen braucht.

Der zweite Teil beziehungsweise Aspekt erscheint mir fast noch wichtiger: Die Erde ist nicht der Mittelpunkt des Universums. Das bedeutet: Menschen, die glauben, sie seien das Zentrum allen Geschehens, können mit dieser Einstellung keine echten Resonanzbeziehungen zu anderen aufbauen. Wenn jemand daran festhält, alles drehe sich nur um ihn oder sie, verliert der- oder diejenige völlig den Blick für das Gegenüber. Menschen, die fest daran glauben, ihre Weltsicht sei richtig und die der anderen ist falsch, sind nicht resonanzfähig geschweige denn -willig. Wenn ich beispielsweise als Partner von mir selbst denke und glaube, immer recht zu haben und die Dinge vollends überblicken zu können, wird sich meine Partnerin auf Dauer mir weder verbunden, noch verstanden noch sich wertgeschätzt fühlen. Eine Führungskraft, die von sich selbst denkt und behauptet, ihre Einschätzungen seien die einzig richtigen, wird ihr Team irgendwann innerlich und wahrscheinlich auch äußerlich verlieren. Eine Freundschaftsbeziehung, in der es immer nur um die emotionalen Bedürfnisse und Probleme von einem von beiden geht, wird irgendwann zerbrechen. Eine resonante Beziehung gibt immer beiden Seiten etwas, versetzt beide in positive Schwingungen – im Business wie privat. Das muss nicht permanent der Fall sein, es gibt sicher auch Lebensphasen und Momente, die etwas einseitiger verlaufen. Je stabiler die Resonanzverbindung zwischen zwei Interaktionspartnern ist, desto eher lassen sich temporäre Einseitigkeiten aushalten. Wenn jemand eine schwere Lebensphase durchmacht – sei es durch den Verlust eines geliebten Menschen, eine Krankheit oder ein schicksalhaftes Ereignis – wird der- oder diejenige Menschen im Umfeld brauchen, die ihm oder ihr Halt geben und Zuspruch leisten. Je fester und stärker die gegenseitige Verbindung ist, desto eher ist das möglich. Es darf nur nicht zum Dauerzustand im Miteinander werden.

Ein geozentrisches – nehmen wir das »g« an zweite Stelle – egozentrisches Weltbild zerstört jegliche Form zwischenmenschlicher Resonanz. Dauerhafter Egozentrismus führt zu Einsamkeit, Trennung und Beziehungslosigkeit. Auch wenn dieser aus einem Übermaß an eigener emotionaler Bedürftigkeit erwächst und weder mut- noch böswillig erfolgt, lässt eine solche Konstellation kein wirklich resonantes Miteinander zu. Nur ein intrinsischer Wille, die angesprochene Selbstreflexion und die Übernahme von Verantwortung für die eigene Person kann egozentrisch veranlagten Menschen den Weg zum Eingehen von echten Resonanzbeziehungen weisen.

Aus dieser inneren Haltung heraus gilt es, mit dem Gegenüber auf eine Wellenlänge zu finden, sich aufeinander einzuschwingen. Ein wundervolles Gefühl, wenn sich so echte Resonanz im Miteinander entwickelt. Haben wir nämlich das Erleben, dass wir mit unseren Mitmenschen tatsächlich auf einer Wellenlänge schwingen, erleben wir unser Gegenüber dadurch als sympathisch. Können wir die Schwingungen des anderen jedoch nicht nachvollziehen oder ihnen folgen, empfinden wir ihn oder sie eher als unsympathisch (Rosa 2016: 259). Die bereits angesprochene Authentizität spielt hierbei eine große Rolle, denn sie macht uns als Menschen für andere erlebbar. Unsere Schwingungen kommen zum Ausdruck und sind echt, wenn unser Innerstes und Äußeres miteinander im Einklang ist. Je besser und authentischer es uns gelingt, verschiedene (An-)Teile unserer Persönlichkeit zu zeigen und zum klingen zu bringen, desto besser kommen wir bei anderen Menschen an – wir sind dadurch echt, erlebbar und nahbar.

Der Sympathiefaktor hängt also sowohl von unserer eigenen Ausdrucksfähigkeit ab, als auch mit dem Einlassen auf Schwingungen des anderen. Denn geben wir anderen Menschen in authentischer und ehrlicher Weise das Gefühl, sie zu erkennen, zu verstehen und uns auf sie einzuschwingen, werden wir als sympathisch erlebt. In diesem Einschwingen steckt eine Art Spiegelung des anderen: Das Gegenüber hat (meistens unterbewusst) das Empfinden, sich selbst gewissermaßen im anderen zu erkennen – im anderen bei sich selbst zu sein. Was sehr tiefgründig klingen mag, unterliegt einer recht simplen Logik: Wenn ich beispielsweise selbst ein Bedürfnis nach Struktur und Verbindlichkeit habe und mein Gegenüber schafft es, (trotz seiner

Andersartigkeit) mir diese zu geben, fühle ich mich gesehen, verstanden und wertgeschätzt. »In sich selbst Spiegelungen anderer Menschen zuzulassen, sich durch ihre Ansichten und Empfindungen berühren zu lassen, scheint mit Sympathie belohnt zu werden. [...] Der Sympathieeffekt überträgt sich nur, wenn die Person spontan und authentisch ist, das heißt, wenn ihr Ausdruck in Einklang mit ihrer tatsächlichen inneren Stimmung steht«, so formuliert es der Psychologe Joachim Bauer (2006: 53). Spiegelung führt demnach zu Sympathie, Sympathie auch zu Spiegelung – ein wechselseitiges Phänomen. Hier geht es allerdings keineswegs um vollständige Spiegelung des anderen, sondern um ein Erkennen und ein Darauf-Reagieren. Vollständiges Mitgefühl führt weder zu Sympathie noch zu Resonanz. Daher bedeutet Resonanz kein Echo, sondern eine Antwort. Stellen wir uns beispielhaft einen trauernden Menschen vor: Wenn das Gegenüber vollständig in die Trauer des anderen mit einsteigt, sie vollständig spiegelt, wird es dem Trauernden wohl kaum Trost und Halt spenden. Vielmehr wäre es hilfreich, die Gefühle wahrzunehmen, sie zu erkennen, sie nicht aus eigener Sicht zu bewerten und verständnisvoll darauf zu reagieren. Mit-Gefühl anstatt Mit-Leid. Für andere Gefühlszuständen gilt das gleiche: Wenn man beispielsweise den wütenden Kollegen vollständig spiegeln würde und ein Echo seiner Wut darstellt, wird sich wohl eher keine Resonanz im Miteinander einstellen. Auch unabhängig besonders starker Emotionen führen Echo-Reaktionen wohl kaum in ein verbindendes Miteinander. Sowohl in privaten als auch in beruflichen Beziehungen fühlen wir uns Menschen, die nahezu ohne jede Eigenschwingung zu allem »Ja und Amen« sagen und uns sprichwörtlich nach dem Mund reden, nicht wirklich verbunden. Denn es schwingt in solchen Fällen nichts zurück – man wird selbst nicht bewegt.

In den folgenden Kapiteln werden wir uns Schritt für Schritt anschauen, wie es gelingen kann, resonante Verbindungen zu unseren Mitmenschen zu schaffen. Bereits im Prolog habe ich darauf hingewiesen, dass mit Resonanzkompetenz eine große Verantwortung für das Vertrauen und das Sich-Öffnen von Menschen einhergeht. Da gewisse Techniken und Impulse im Grunde sehr leicht erlernbar und simulierbar sind, kann ich immer wieder nur darauf vertrauen, dass sie nicht zum Nachteil des anderen angewendet werden. Unehrliche Absichten und fragwürdige oder nicht vorhandene Ethik- und Moralvorstellungen (oder Annahmen darüber) sind im Geschäftsleben immer wieder die Achillesferse für das Entstehen echter Resonanzbeziehungen. Wenn der (kurzfristige) Gewinn der einen Seite entgegen dem vermittelten Anschein einen Verlust für das Gegenüber bedeutet, dann ist das zwar auch eine Form von Resonanz(-simulation) – aber eben keine wünschenswerte. Ein ehrliches Geschäft, eine gelingende Beziehung, eine inspirierende Begegnung macht immer beiden Seiten Freude – auch im Nachhinein.

> **Kurze Zusammenfassung dieses Kapitels**
> Wenn wir andere Menschen erreichen, bewegen und gewinnen wollen, ist unsere eigene innere Haltung darauf sehr zentral. Wir sollten weniger davon ausgehen, dass unsere eigene Weltsicht die einzig richtige ist und uns selbst im Zentrum des Geschehens sehen, sondern uns für die Perspektiven anderer öffnen und diese zulassen. Das Gefühl, miteinander auf einer Wellenlänge zu sein, macht uns gegenseitig sympathisch und bereichert beide Interaktionspartner.

3.2 Verbindung aufbauen: Die Resonanz-Frequenz

Ausgehend von dem bereits mehrfach angesprochenen Resonanz-Experiment mit den beiden Stimmgabeln habe ich versucht, die Schwingfrequenz, die es zum Bewegen des anderen braucht, in verschiedene Schritte und Aspekte zu zerlegen. Wir kennen aus der Physik die Form einer Frequenz: Sie ist horizontal wellenartig angelegt und kann unterschiedliche Stärken aufweisen. Wichtig erscheint mir, dass diese keine Linie darstellt, sondern eine Welle mit Auf- und Abschwüngen. Denn auch in der zwischenmenschlichen

»

Resonanz ist kein Echo,
sondern eine Antwort.

«

Interaktion verlaufen Begegnungen und Beziehungen nicht linear, sondern dynamisch. Anhand von fünf Schwingungen einer Frequenz beziehungsweise Einzelschritten möchte ich nach und nach aufzeigen, was es aus meiner Perspektive zum Entstehen echter zwischenmenschlicher Resonanz braucht.

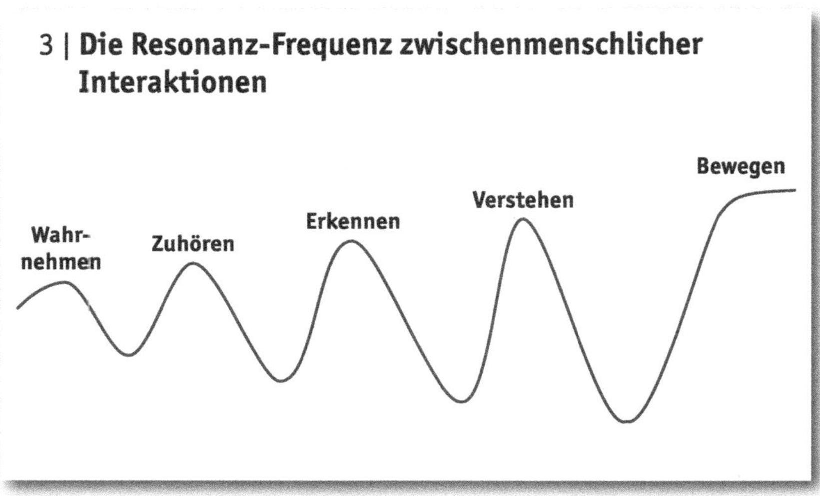

Erster Schritt: Wahrnehmen

Jedwede Begegnung beginnt damit, den anderen wahrzunehmen. Zwar habe ich in einem der vorigen Kapitel darauf hingewiesen, dass Menschen, sobald sie in unseren Wahrnehmungshorizont treten, unsere neurobiologische Resonanz im Gehirn aktivieren, doch hat das noch nichts damit zu tun, dass dies auch bewusst und für den anderen wahrnehmbar stattfindet. Denn ob wir unser Gegenüber wahrnehmen und sich der andere tatsächlich auch wahrgenommen fühlt, können verschiedene Dinge sein. Soll sich eine gegenseitige Verbindung einstellen, sollte beides gegeben sein. Das Gefühl eines Nicht-gesehen-Werdens oder nicht vorhandener Wahrnehmung zählt zu den schmerzhaftesten Empfindungen, die wir haben können. Im Kapitel 1.2 »Relevanz von Resonanz« habe ich bereits versucht deutlich zu machen, wie groß das natürliche und biologische Wahrnehmungs- und Resonanzbedürfnis von uns allen ist und wie sehr es uns verletzt, wenn dieses auf Beziehungslosigkeit oder ein Übersehen-Werden trifft. Und das muss vom anderen nicht einmal vorsätzlich passieren.

Du spürst bereits an diesem ersten Schritt die für Resonanz notwendige Haltung, sich in den anderen hineinzudenken beziehungsweise einzufühlen – einen Perspektivwechsel zu wagen. Denn es geht entscheidend um die Frage, ob sich dein Gegenüber aus seiner Perspektive wahrgenommen fühlen kann. Ein Beispiel: Ein Pärchen sitzt gemeinsam beim Abendessen. Sie berichtet ihrem Partner von einem für sie aufreibenden Vorfall heute im Büro. Er nimmt währenddessen sein Smartphone zur Hand und blickt darauf. Schon in diesem Moment wird sie das Gefühl haben, nicht mehr wahrgenommen zu werden. Nichtsdestotrotz erzählt sie zunächst weiter, bis das Gefühl zu stark wird: »Hörst du mir überhaupt zu?« – »Na klar höre ich dir zu, du hast gerade von dem wütenden Kunden erzählt.« Obwohl er anscheinend trotz der Ablenkung durch sein Smartphone noch ein paar Fetzen der Worte seiner Partnerin aufschnappen konnte, hatte sie schon gleich zu Beginn, als ihr Partner das Smartphone zur Hand nahm, das Empfinden nicht ausreichender Wahrnehmung. Ein anderes Beispiel hatte ich im Gespräch mit Rolf Schmiel im Kapitel 1.4 »Resonanz aus psychologischer Sicht« bereits angeführt: Die Führungskraft, die sich von der Geschäftsleitung nicht ausreichend wahrgenommen und gesehen fühlte, obwohl die Geschäftsführung jeden Morgen ins Büro blickt und »Guten Morgen!« hineinruft. An derartigen Beispielen sehen wir: Wahrnehmung muss für den anderen auch wahrnehmbar sein.

Doch wie schaffen wir das, unserem Gegenüber ein Gefühl der Wahrnehmung zu schenken? Im Grunde hat das mit zwei Dingen zu tun: Zuwendung und Aufmerksamkeit. Echte Wahrnehmung kann man meines Erachtens an diesen beiden Größen wundervoll festmachen. Beides bemisst sich nicht in quantitativer Dauer, sondern in qualitativer Ernsthaftigkeit. Man kann eine kurze, dennoch aufmerksame und zugewandte morgendliche Begrüßung als durchaus wertiger empfinden als ein längeres Gespräch, welches beispielsweise von andauernden Unterbrechungen geprägt ist.

Einer der wesentlichen Faktoren für Zuwendung und Aufmerksamkeit stellt Blickkontakt dar. Der Blick in die Augen eines anderen Menschen stellt eine der intensivsten und wichtigsten Grundlagen für das Sich-Entwickeln von Resonanzbeziehungen dar. Denn er zeigt dem anderen, dass er gesehen wird. Ein kleiner Praxistipp: Wenn du es mit einem anderen Menschen zu tun hast, ein Gespräch führst, solltest du anschließend seine oder ihre Augenfarbe kennen. Andersherum kann ein verweigerter Blickkontakt schon eine Form von Beziehungslosigkeit bedeuten, denn jeder Blick in die Augen des Gegenübers stellt bereits eine Art Resonanzerwartung oder sogar Aufforderung zur Kommunikation dar. Unsere Augen sind eines der bedeutendsten Instrumente zwischenmenschlicher Interaktion und ein guter Gradmesser für die Qualität von gegenseitiger Aufmerksamkeit und Verbindung.

Ein weiterer wichtiger Faktor stellt die eigene Körperhaltung dar: Selbst wenn wir dem anderen in die Augen schauen, kann eine abgewandte Körperhaltung (bewusst oder unbewusst) ein Störgefühl beim anderen auslösen. Insbesondere an Schreibtischen kann das schnell der Fall werden. Wenn ein Verkaufsmitarbeitender mit einer zum Computer ausgerichteten Körperhaltung ein Kundengespräch führt, bei dem der Kunde seitlich zu ihm sitzt, könnte sich der Kunde nicht so recht wahrgenommen oder willkommen fühlen – selbst, wenn es ihm nicht direkt bewusst ist. Daher erscheint es mir wichtig, den Menschen, mit denen du in Resonanzbeziehung treten willst, mit einer offen zugewandten Körperhaltung und Blickkontakt zu begegnen. Eine zusätzliche direkte Ansprache mit der Stimme kann zudem ebenfalls hilfreich sein.

Wenn es jetzt noch gelingt, in diesem ersten Schritt der sogenannten Resonanz-Frequenz den Menschen, die du wahrnimmst und ihnen dieses auch zeigen möchtest, ein Lächeln zu schenken, ist schon sehr viel geschafft. Denn was bewirkt ein echtes Lächeln beim anderen? Ein fast automatisches Zurücklächeln, ohne gezielt darüber nachzudenken. Wir erinnern uns beispielsweise an das eindrucksvolle Experiment und die Forschung von Ulf Dimber an der Universität Uppsala in Schweden, in dem er mit seinem Team derartige Spiegelungsreaktionen von lächelnden Gesichtern untersucht hat. Lächelt man, kann das Gegenüber nicht anders, als auch zu lächeln – wenn auch nur für den Bruchteil einer Sekunde.

Daher probiere den Dreiklang aus Blickkontakt, zugewandter Körperhaltung und einem Lächeln gern einmal für dich aus. Ich bin mir sicher, er wird dazu führen, dass sich dein Gegenüber ernsthaft von dir wahrgenommen fühlt. Das funktioniert sogar an der Supermarktkasse oder beim Bäcker: Wenn du morgen früh dorthin gehst, schaue dem Gegenüber hinter der Theke in die Augen, zeige körperliche Aufmerksamkeit und lege ein Lächeln auf – ich bin mir sicher, es kommt zu dir zurück. Wer aufmerksame und freundliche Verkäuferinnen und Verkäufer erwartet, darf gern Aufmerksamkeit und Freundlichkeit mitbringen.

Hilfreich kann es zudem sein, einen Rahmen zu schaffen, der das Gefühl ernsthafter Wahrnehmung beim Gegenüber fördert. Beispielsweise wäre ein angebrachter Rahmen für ein Mitarbeitergespräch ein möglichst schallgeschützter Raum, eine geschlossene Tür, ein umgestelltes Telefon und ein Smartphone außerhalb des direkten Sichtfeldes. Insbesondere Letzteres ist etwas, was das Gefühl von Aufmerksamkeit sehr schnell zerstören kann. In einem Workshop berichtete mir eine Teilnehmerin einmal davon, dass ihr Vorgesetzter bei Gesprächen immer sein Smartphone direkt vor ihm auf dem Tisch liegen habe. Sie habe immer wieder Hemmungen, sich vollends auf das Gespräch einzulassen aus Sorge, wenn sie gerade etwas (für sie Wichtiges) erzählt und das Smartphone klingelt in diesem Moment, gehe er ran. Allein die Tatsache, dass das Gerät auf dem Tisch liegt, führte also zu einem hemmenden Gefühl bei der Mitarbeiterin. Sicher war ihrem Vorgesetzten das gar nicht bewusst. Insofern kann ich immer wieder nur dazu raten, im Sinne eines Perspektivwechsels die Dinge, die Wahrnehmung und Aufmerksamkeit für den anderen (zer)stören könnten, zu beseitigen. Bei wichtigen Gesprächen bleibt das Smartphone beispielsweise lieber in der Tasche.

In einer immer schneller werdenden und dynamischen Zeit ist Aufmerksamkeit für Menschen und Situationen eine der wichtigsten Ressourcen, die wir haben. Umso wichtiger ist es, diese wieder vermehrt und bewusst wahrzunehmen und sie den Menschen, mit denen du in Verbindung treten oder die du vielleicht sogar bewegen oder gewinnen möchtest, zu schenken. Wahrnehmung und in der Folge gesamte Resonanzbeziehungen funktionieren nicht nebenbei und zwischendurch, sondern verlangen nach etwas Zuwendung. Das gilt nicht nur für Zwischenmenschliches, sondern ebenfalls für deinen eigenen Schwingungshaushalt und die Verbindung zum Leben an sich. Der deutsche Mediziner Dietrich Grönemeyer hat es wunderbar formuliert: »Es geht darum, wieder hinzusehen und sich dem Leben in all seinen Facetten zuzuwenden. Der Akt der Zuwendung ist bereits ein ganz entscheidender Schritt.« (Grönemeyer 2009: 36)

Zweiter Schritt: Zuhören

Gelingt es uns, unser Gegenüber aufmerksam wahrzunehmen, folgt nun der nächste nicht minder wichtige Schritt: Zuhören. Aus den mittlerweile vielen persönlichen Begleitungen am Arbeitsplatz, die ich durchführen durfte – insbesondere in Führung und Verkauf – kann ich Zuhören als Handlungsfeld Nummer eins beziffern. Viel zu oft trommeln die Menschen mit ihrer Agenda und Wirklichkeit los, ohne überhaupt zu wissen, was den anderen beschäftigt und bewegt. Das Zuhören dient dabei nicht der reinen Informationsaufnahme, sondern vor allem dem Fokus und der Aufmerksamkeit für den anderen.

Ein Grundinteresse daran, was das Gegenüber zu berichten hat, ist eine zentrale Voraussetzung für aufmerksames Zuhören. Denn interessiert mich nicht, was der andere erzählt, höre ich meistens auch nicht wirklich zu. Insofern ist Interesse am anderen eines der Eingangstore für Zuhören. Auch dieses gilt es, dem Gegenüber zu zeigen: Blickkontakt und Zugewandtheit erhalten sowie verbale und nonverbale Bestätigungen, die dem anderen signalisieren, dass du zuhörst. Natürlich geht das mit echtem Interesse wesentlich einfacher, als wenn man Fragen stellt, deren Antwort man im Grunde gar nicht hören möchte. Doch viel zu oft passiert genau das: Wir stellen jemandem eine Frage, ohne dass wir tatsächlich an einer Antwort interessiert sind – geschweige denn aufmerksam zuhören. Kennst du Menschen, die eine Frage stellen, nur um in der Folge von sich zu erzählen? Leider erleben wir auch das immer wieder. Hier zeigt sich sofort die Haltung im Miteinander: Bin ich wirklich an dir interessiert oder geht es nach einer öffnenden Frage nur um meine eigenen Bedürfnisse? Das Bild der kopernikanischen Wende ist hier wunderbar festzumachen. Menschen, die sich selbst im Zentrum und in ihrer eigenen Bedürftigkeit sehen, sind genau aus diesem Grund auch selten gute Zuhörer. Wie sagte der deutsche Schriftsteller Emil Oesch so schön: »Der beste Weg, andere für uns zu interessieren, ist, sich für sie zu interessieren.«

Bekommt ein Mensch eine Frage gestellt, sollte er oder sie grundsätzlich davon ausgehen dürfen, dass das Gegenüber eine Antwort haben möchte. Gerade im Business-Kontext in Führung und Verkauf lernt man schon in der Berufsausbildung, wie man Fragetechniken anwendet und insbesondere offene Fragen dafür nutzt, um viel vom Gegenüber zu erfahren. Man sollte einmal darüber nachdenken, ob man nicht mindestens in gleichem Umfang vermitteln sollte, wie man ein guter Zuhörer ist. Denn eine offene Frage (die schnell zur Phrase werden kann) bringt nichts, wenn man kein wirkliches Interesse an der Antwort hat. Dieses Problem ist größer und verbreiteter als gemeinhin angenommen. Die Psychologin Stephanie Puckett, die sich intensiv mit agilen Arbeitsweisen und neuen Unternehmenskulturen beschäftigt, stellt in ihrem Buch »Agiles Führen« fest: Viele Chefs (Anmerkung: Sie spricht von CEOs) müssen erst noch das Zuhören erlernen und zu CLOs werden – zu Chief Listening Officers. So mancher sei so von sich überzeugt, dass er oder sie gar nicht bemerke, dass in Gesprächen meist nur er oder sie redet und damit dann jede Chance, jeden Raum, jede Gelegenheit verstreichen lässt, wirklich etwas von seinem Gegenüber zu erfahren (Puckett 2021).

»Wie geht es Ihnen?« ist einer der Klassiker offener Fragen. Wie oft diese Frage tatsächlich ernst gemeint ist, überlasse ich deiner Interpretation. Ich glaube, derartige Fragen werden zwar gestellt, weil man sie so stellt – wir nennen das dann Small Talk – ohne sich tatsächlich auf die Antwort einlassen zu wollen. Ich vertrete leidenschaftlich die Maxime: Stelle bitte nur Fragen, wenn du die Antwort auch hören willst. Viel zu oft liegen die nächsten Sätze und die Gesprächsagenda im Kopf des Fragestellers schon parat und warten nur darauf, dass der andere Luft holt. Auch wenn einige Trainerkolleginnen und -kollegen das anders sehen und vermitteln mögen: Antrainierte Fragen und Techniken, die den Akteur innerlich nicht wirklich interessieren, bringen Kundinnen und Kunden wie Mitarbeitende nicht in echte Resonanz! Noch schlimmer wird es, wenn das Wording dazu einer Art vorgefertigter und blumig formulierter Trainersprache unterliegt, die man im letzten Seminar gelernt hat – aber mit dem Sprachgebrauch und Persönlichkeit des Fragestellers wohl kaum vereinbar sein kann. Etwas weiter oben sprachen wir über Authentizität. Persönliches Interesse zu zeigen, seine eigenen Worte zu finden und die Fähigkeit und den Raum für Zuhören zu schaffen, sind viel wichtiger, als alle antrainierten Fragen und Sätze dieser Welt. Individualität, persönlicher Sprachgebrauch und eigene Werte sind kein Gegenpart zu vertrieblichen Gesprächsstrukturen, Führungsleitlinien oder Personalentwicklungsgrundsätzen in einem Unternehmen. Letztere bilden einen Rahmen und eine Orientierung für das eigene Wirken als Verantwortlicher. Nicht mehr und nicht weniger. So wirkt beides wundervoll im Duett miteinander.

Zu echtem Zuhören gehört es auch, den anderen ausreden zu lassen. Das ist schwerer, als es klingt. Ich selbst erwische mich immer wieder einmal dabei, mein Gegenüber zu unterbrechen – insbesondere dann, wenn es leidenschaftlich und emotional zugeht. Wird der andere oder auch man selbst zu oft unterbrochen, hört man irgendwann auf, mehr zu erzählen. Denn das Gefühl des Erzählens mit andauernder Unterbrechung kann sehr kräftezehrend sein – unabhängig vom Gesprächsinhalt.

Beim Zuhören geht es erst mal um das Aufnehmen der Wirklichkeit und Gedanken des anderen, nicht darum, wie wir die Dinge sehen. Genauso geht es darum, nicht bloß zuzuhören, sondern dem anderen auch erkenntlich zu machen, das man dies tut – durch Blickkontakt, Zuwendung, Aufmerksamkeit, Interesse, mimische, gestische und verbale Bestätigungen und Reaktionen.

Dritter Schritt: Erkennen

Nun folgt das, was man als Erkennen, Zuhören plus oder auch aktives Zuhören bezeichnen könnte. Ungeachtet dessen, hinter welcher Umschreibung man sich versammeln kann, geht es hier darum, dem Gegenüber nicht bloß zuzuhören, sondern auch hinzuhören. Es kann nämlich durchaus vorkommen, dass das Gesagte, das Gemeinte und das Beabsichtigte auseinander liegen. Ich gebe dir ein Beispiel: Du kommst abends erschöpft von der Arbeit nach Hause, weil du einen anstrengenden Tag hattest. Deine Partnerin oder dein Partner fragt dich danach, wie dein Tag war. Du antwortest so etwas wie: »Alles gut soweit«. Ungeachtet dessen, dass das eine Floskel sein könnte, steckt auf der Gefühlsspur wahrscheinlich viel mehr, als das Alles gut auf der Tonspur. Die Gründe für diese Antwort können sehr vielfältig sein. Dennoch könnte dein Gegenüber spüren, dass hier etwas nicht stimmig ist. Es schwingen unterschiedliche Frequenzen auf verschiedenen Kanälen. Auch im Business kennen wir Derartiges: Einem Kunden wird im Autohaus ein neues Auto angeboten. Nach der Vorstellung des Wagens fragt der Verkäufer seinen Kunden, wie ihm das Auto gefällt. Der Kunde sagt so etwas wie: »Es gefällt mir grundsätzlich ganz gut, aber ich möchte gern nochmal überlegen.« In einem solchen Satz kann so viel mehr stecken, als die bloße Information, dass der Kunde heute keine Entscheidung treffen wird. Selbst diese Information aus dem reinen Zuhören heraus könnte mancher Verkäufer schon nicht wahrnehmen – oder nicht wahrnehmen wollen. Viel wichtiger erscheinen mir die dahinter liegenden Beweggründe, Emotionen und Wertvorstellungen des Kunden. Ist der potenzielle Autokäufer vielleicht sehr vorsichtig und zurückhaltend, da das Fahrzeug im Grunde zu teuer ist? Könnte es auch sein, dass ihm der Verkäufer unsympathisch ist? Wollte er vielleicht nur einmal schauen, weil seine Frau im Geschäft gegenüber Dekomaterialien für das Osterfest einkaufen geht und er sich als technikbegeisterter Mensch mit der »Flucht ins Autohaus« vor dem Anschauen von Osterhasen und Co. gerettet hat? Hat er vielleicht aktuell gar keine konkrete Kaufabsicht? Sind die CO_2-Emissionen für ihn zu hoch? Fragen über Fragen.

Antworten auf diese Fragen können wir nur finden, wenn wir unser Gegenüber tatsächlich erkennen. Wenn wir eine ganzheitliche Wahrnehmung für den anderen haben, die sich in Mimik, Gestik, Sprache und Auftreten zeigt – und vor allem in der inneren Stimmungslage. Schenken wir unserem Gegenüber den Raum, erspüren wir derartige Dinge. Unsere Aufmerksamkeit sollte demnach ausschließlich dem Gegenüber gelten, nicht dem nächsten Verkaufsargument, dem klingelnden Telefon oder irgendetwas anderem, was eine umfassende und ganzheitliche Wahrnehmung zerstört.

Das ist anstrengender und schwieriger, als es den Anschein hat und vermutlich lassen wir deshalb unsere Wahrnehmung und Aufmerksamkeit gerne schleifen und widmen sie anderen reizvollen Dingen. Du kannst Emotionen, Werte und Überzeugungen von Menschen aber nur erkennen, wenn dein Empfang auch daraufhin ausgerichtet ist. Sicherlich bräuchte man zur treffsicheren Einschätzung der Persönlichkeit und Bedürfnisse des Gegenübers mehrere gute und offene Gespräche oder eine Art Persönlichkeitsanalyse. Da das in der Praxis wohl kaum praktikabel ist, gibt es so etwas wie Persönlichkeitsstereotype-Modelle. Die Welt ist voll davon. Meiner Überzeugung nach dienen derartige Modelle dazu, eine schnelle und möglichst passgenaue Einschätzung des Gegenübers zu erlangen mit dem Ziel, sich leichter auf ihn oder sie einzustellen. Sie stellen eine Art Komplexitätsreduktion von der existierenden Vielfalt an Persönlichkeiten und Charakteren dar. Da es mir so sehr am Herzen liegt, möchte ich gern einige Punkte aufzählen, wofür Stereotype-Modelle meiner Ansicht nach nicht verwendet werden sollten: Menschen in Schubladen verschwinden lassen, eigenes und fremdes Verhalten rechtfertigen, dogmatisches Anwenden derer, Vorurteile treffen, Schwarz/Weiß-Denken sowie Manipulation des anderen. Sie dienen lediglich einer Indikation für Charakter- und Wesenszüge von Menschen. Klar gibt es Konzepte, die etwas tiefgehender sind als andere – aber im Kern und Ergebnis sollte es darum gehen, uns und andere besser zu verstehen für ein gelingendes Miteinander.

Wir brauchen also keine speziellen Techniken oder Tools, um unser Gegenüber und dessen Gefühls- und Erlebniswelt besser zu erkennen, sondern lediglich ein aufmerksames Hinhören, was da klingt und schwingt. So wie wir es bei Musik auch tun: erst mal zuhören, hinhören und spüren, bevor wir reagieren. Wir sollten uns nur bemühen, im wahrsten Wortsinn präsent in einem Gespräch zu sein und uns wirklich auf unsere Gesprächspartner zu konzentrieren und einzulassen. Das im Übrigen unterscheidet das Sprechen – welches in einem Gespräch mündet – vom Sagen oder vom Reden: Sagen und Reden sind oft recht einseitige Akte, indem Dinge oder Sachverhalte mitgeteilt oder sichtbar gemacht werden. Sprechen – wortverwandt mit dem schwedischen »spraka« (prasseln, knistern) – basiert hingegen darauf, seine eigenen Gedanken und Gefühle für den anderen nachvollziehbar zu machen und dialogbasiert in die Interaktion zu treten – der Resonanzdraht knistert. Daher ist Gerede (abgeleitet von reden) und ein Gespräch (abgeleitet von sprechen) bei Weitem nicht das gleiche, wie der deutsche Geistliche, Philosoph und Autor Anselm Grün in seinem Buch »Achtsam sprechen – kraftvoll schweigen« treffend feststellt.

Vierter Schritt: Verstehen

Nun folgt ein sehr entscheidender Schritt, bei dem wir in der Praxis immer wieder Gefahr laufen, ihn zu untergraben. Es geht darum, bei alledem, was bisher vom anderen bei uns angekommen ist, in ein Verständnis zu finden. All die Beobachtungen, Töne und Schwingungen, die wir wahrgenommen, gehört und gespürt haben, gilt es nun, aufzunehmen und in die Interaktion zu integrieren. Durchaus kann es sehr hilfreich sein, dass die Dinge, die wir glauben, erkannt zu haben, durch Verständnis gebende Rückfragen abzusichern: »Als Sie gerade so erzählt haben, hatte ich den Eindruck, Sie sind etwas verärgert. Liege ich da richtig?« oder auch »Bei mir ist angekommen, Sie legen in unserer Zusammenarbeit Wert auf Verbindlichkeit und Verlässlichkeit – habe ich das richtig verstanden?«. Da wir alle Methoden lieben, nennen wir das die Habe-ich-Sie-richtig-verstanden-Methode – mehr als diese Bezeichnung gibt es dazu nicht zu wissen, sondern nur zu tun. Es handelt sich um eine Art verbale Spiegelung. Sie ist unglaublich wirkungsvoll.

Eine Rückfrage, die sich auf das Gesagte und Gespürte aus der bisherigen Interaktion mit dem Gegenüber bezieht, hat zwei große Vorteile: Der andere fühlt sich wahrgenommen, verstanden und bestätigt und du selbst kannst das Bild, was du vom anderen und der Situation hast, bestätigen oder justieren. Sicher kennst du das aus eigenem Erleben: Hast du das Empfinden, jemand hört dir aufmerksam zu und hat Verständnis- oder Bestätigungsfragen zu dem Gesagten, fühlt sich das gut an. Warum? Es findet Spiegelung, Wertschätzung und Respekt statt. Alles Dinge, die wir lieben. Selbst, wenn wir nicht das Bedürfnis haben, Rückfragen zu stellen, kann es eine gute Idee sein, das zusammenzufassen, was bei dir angekommen ist. Gerade in professionellem Rahmen und im Business ist eine Zusammenfassung des Empfangenen unglaublich wertvoll und dem anderen Gegenüber wertschätzend aus den Gründen, die ich zuvor genannt habe.

» Einer der größten Fehler, der uns unterlaufen kann, ist, Werte und Überzeugungen anderer zu bewerten. «

Wertschätzung ist ein großes und vielfältig genutztes Wort. Gern möchte ich diese Begrifflichkeit etwas vertiefen, da in ihr der Schlüssel dafür liegt, nicht in Bewertungen zu verfallen. Denn beides steht gegenteilig zueinander. Treffen wir in der zwischenmenschlichen Interaktion auf Werte und Überzeugungen, die den unseren nicht entsprechen, neigen wir alle dazu, unser Gegenüber in seiner Andersartigkeit mit dem Blick durch unsere Brille zu bewerten. Eine Vielzahl von Konflikten ist genau darauf zurückzuführen – im Business wie privat. Selbst, wenn es uns gelingt, den anderen wahrzunehmen, ihm oder ihr zuzuhören, hinzuhören und zu erkennen, dass ihm oder ihr beispielsweise Gründlichkeit, Harmonie und Geduld anscheinend wichtige Werte sind, trifft nun auf unsere Vorstellungswelt. Der größte Fehler, der uns nun unterlaufen kann, ist, Werte und Überzeugungen anderer zu bewerten.

Bleiben wir bei dem Beispiel: Angenommen, ich persönlich lege Wert auf Schnelligkeit und Effizienz und treffe auf die Person aus dem gerade gewählten Beispiel, könnten mir sofort Bewertungen unterlaufen: »Was stellt die sich so an, das dauert mir zu lange« oder auch »Sie ist zu detailverliebt und hat nicht den Blick für das Wesentliche« – ausgesprochen oder unausgesprochen. Ob wir Derartiges auch sagen oder nur denken, untergräbt jegliche Form von Resonanz. Das Aussprechen geht sogar noch weiter: Es verletzt unser Gegenüber. Es gilt demnach, Werte anderer zu schätzen anstatt Andersartigkeit zu bewerten – das bedeutet Wertschätzung. Sie ist die Basis dafür, auf einer Wellenlänge zu schwingen. Wertschätzung ist demnach auch nicht gleichzusetzen mit Lob und Anerkennung – beide können als eine Art weiterentwickelte Form der Wertschätzung betrachtet werden. Man kann anderen auch wunderbar Wertschätzung zeigen, ohne dass man Lob und Anerkennung ausspricht.

Das Schöne daran ist, dass wir Werte und Überzeugungen anderer verstehen und schätzen können, ohne diese selbst gut und richtig zu finden. Meistens wird beides miteinander verwechselt beziehungsweise gleichgesetzt.

Jemanden zu verstehen, bedeutet nicht, ihm oder ihr zuzustimmen. Das zu verinnerlichen ist die Basis jedweden sachlichen Konfliktes. Sobald wir damit anfangen, andere vorzuverurteilen, Ansichten zu bewerten oder Überzeugungen und Bedürfnisse zu bagatellisieren, wird es meistens persönlich und verletzend. Leidenschaftlich in der Sache zu streiten, ohne uns als Mensch infrage zu stellen und infrage gestellt zu fühlen, ist eine wundervolle Resonanzerfahrung. Denn sie wird meist zu einem besseren Ergebnis führen, weil unser persönliches Klangspektrum durch das des anderen erweitert wird. Wollen wir Menschen für uns oder eine Sache gewinnen, sollten wir ihnen in ehrlicher Weise zeigen, dass wir sie wahrgenommen, erkannt und verstanden haben – so wie sie denken, fühlen und schwingen.

Fünfter Schritt: Bewegen

Erst in diesem letzten Schritt der sogenannten Resonanz-Frequenz geht es um das Bewegen des anderen. Mit anderen Worten: Erst hier zeigen wir eine Art Antwortreaktion auf das, was aus der bisherigen Interaktion bei uns angekommen ist. Bislang ging es in der Perspektive lediglich darum, wahrzunehmen, aufzunehmen und für ein Verständnis des anderen zu sorgen. Nun reagieren wir antwortend auf all das – wir versuchen, unser Gegenüber innerlich zu bewegen und in Schwingung zu versetzen. Vielleicht ist dir das auch in einem der Schritte zuvor schon gelungen, denn die einzelnen Phasen sind weder dogmatisch noch linear zu betrachten. Interaktion ist immer dynamisch und lebt davon, sich darauf einzulassen. Die fünf Schritte sollen lediglich eine logisch aufeinander aufbauende Orientierung dafür bieten, was es im Einzelnen dafür braucht, eine resonante Verbindung zu unserem Gegenüber herzustellen. Du wirst spüren, auch Menschen echte Wahrnehmung zu schenken und ihnen zuzuhören, kann beim anderen Dankbarkeit und positive Schwingungen auslösen – auch ohne besondere Antwortreaktion.

»

Verstehen heißt nicht zustimmen.

«

Doch wie gelingt das nun, unser Gegenüber zu bewegen? Wenn wir uns an das Stimmgabel-Experiment erinnern, geschieht das dort auf wundersame Weise bei der zweiten Stimmgabel. Voraussetzung ist es, auf einer Wellenlänge zu schwingen. Und um diese Wellenlänge zu kennen und zu finden, braucht es in Gesprächen die ersten vier dargestellten Schritte. Bis hierher sollten wir ein Gespür dafür haben, auf welcher Wellenlänge der andere schwingt mit dem Ziel, uns nun in diesem fünften Schritt darauf einzuschwingen. Hier kannst du nun einen wesentlichen Unterschied zwischen dem Resonanzkonzept und vielen klassischen Rhetorik-, Überzeugungs- oder Verkaufsansätzen erkennen. Andere zu bewegen bedeutet nämlich im Wesentlichen, sich zunächst erst einmal selbst zu bewegen. Resonanzorientierte Menschen denken nicht in Kategorien wie Überreden, Überzeugen oder gar Manipulieren, sondern den Schritten Wahrnehmen, Zuhören, Erkennen, Verstehen und Bewegen. Gegenüber einer starren Stimmgabel, die nur auf einer festgelegten Frequenz schwingen kann, ist uns die Gabe und Fähigkeit geschenkt, unsere Sendefrequenzen zu beeinflussen.

Deine Aufgabe ist es nun, dich so auf dein Gegenüber einzustellen, dass er oder sie sich verstanden und wertgeschätzt fühlt – und das in ehrlicher Art und Weise. Und hier kommt wieder die notwendige Haltung ans Licht: Behandle dein Gegenüber so, wie er oder sie behandelt werden möchte und sehe dich und deine Vorstellungswelt nicht im Zentrum allen Handelns. Denn wenn du die Wellenlänge des anderen nicht findest und ansprichst, kannst du noch so laut, so häufig und so energisch auf deine innere erste Stimmgabel schlagen – du wirst den anderen nicht bewegen. Den Transfer dessen auf Führungs-, Verkaufs- und Privatsituationen kannst du erahnen. Selbst das lauteste und heftigste Trommeln aus einer subjektiven Vorstellungswelt heraus führt niemals dazu, dass andere dadurch bewegt werden – zumindest nicht positiv.

Wollen wir Menschen bewegen und gewinnen, sollten wir ihnen im Miteinander das geben, was sie von uns brauchen. Wer strukturiert und verbindlich arbeitet, auf den sollten wir uns genau so einstellen. Wer Zeit für Entscheidungen oder Veränderungen braucht, dem sollten wir sie geben. Wem Transparenz und Offenheit wichtig ist, dem sollten wir mit dieser begegnen. Die letzten Zeilen mögen den Eindruck erwecken, es gehe um ein Wunschkonzert. Sollte dem so sein, kann ich dich beruhigen. Es geht vielmehr darum, sich bestmöglich auf die Bedürfnisse des anderen einzustellen, ohne sich selbst zu verbiegen. Denn verbogene Stimmgabeln klingen nicht gut. In diesem Prozess wird es Punkte geben, da findet man in den Ansichten zueinander – bei anderen wiederum nicht. Innerlich beweglich zu sein heißt, sich für andere Ansichten zu öffnen, ohne das Gefühl zu haben, dauerhaft einzustecken. Resonante Beziehungen versetzen immer beide Seiten in Schwingung. Es geht darum, auf das Gegenüber einzugehen, aufeinander zuzugehen, Erwartungen und Bedürfnisse aufzugreifen und im Dialog in Verbindung zu treten.

Auch Dankbarkeit und Anerkennung versetzen Menschen in Schwingungen – wenn diese echt sind und es tatsächlich von Herzen kommt. Hast du nach einem Restaurantbesuch dem Kellner oder der Köchin schon mal etwas gesagt wie »Danke für den schönen Abend bei Ihnen, wir haben uns sehr wohl gefühlt«? Oder der Dame an der Servicehotline, die dein Anliegen gut bearbeiten konnte »Herzlichen Dank, Sie haben mir sehr weitergeholfen«? Jeder mag Anerkennung, sie steigert das eigene Wohlbefinden und tut emotional extrem gut. Wenn du also Situationen erlebst, in denen Dank, Lob und Anerkennung angebracht sein könnten, nutze die Gelegenheit, dein Gegenüber damit zu bewegen. Du wirst spüren, die Schwingung kommt zu dir zurück.

Ein zentraler Aspekt, andere zu bewegen, ist neben dem Sich-Einschwingen ein innerliches Selbst-bewegt-Sein. Hierzu habe ich im Hauptkapitel zwei bereits einige Impulse geteilt, die genau darauf abzielen. Wer gut klingt, versetzt andere in Schwingungen. Wer leidenschaftlich und aus innerer

Überzeugung heraus authentisch agiert, hat die große Chance, damit auch andere zu bewegen. Solche Arten emotionaler Ansteckung sind es oft, die Menschen regelrecht mitreißen und in Schwingung versetzen. Ob ein Bühnenkünstler, der liebt, was er tut, eine Verkäuferin, die leidenschaftlich bei der Sache ist oder der Freund, der innerlich überzeugt von seinen nächsten Projekten berichtet – derartige Schwingungen übertragen sich auf das Gegenüber. Daher ist es so wichtig, zu wissen, was einen selbst bewegt, darüber auch mit anderen zu sprechen und in authentischer Art und Weise andere daran Teil haben zu lassen. Wer nicht grundsätzlich liebt, was er tut, wird es umso schwerer haben, andere dafür zu gewinnen.

Ein derartiges innerliches Bewegtsein, welches mit einem gewissen Sich-selbst-bewusst-Sein und dem Vertrauen auf eigene Selbstwirksamkeit einhergeht, ist meist ein Ergebnis aus einem jahrelangen Prozess der Persönlichkeitsentwicklung. Niemand hat so etwas mit der Muttermilch aufgesogen, sondern Derartiges entwickelt sich mit positiven und auch lehrreichen Erfahrungen in unserem Leben. Daher kann es sehr hilfreich sein, nicht zu jeder Zeit alle Aspekte, die ich mit der Resonanz-Frequenz zu beschreiben versucht habe, voller innerer Überzeugung in die Welt zu bringen. Das Innerste möglichst nah an das im Außen spürbare heranzubringen, ist sicherlich das Ziel. Es kann uns aber auch helfen, gewisse Dinge zu simulieren, wenn wir sie innerlich (noch) nicht umfänglich fühlen und aus purer Überzeugung tun können. Simulieren mag etwas negativ konnotiert sein, da man mit simuliertem oder trainiertem Verhalten schnell negative Absichten verbindet. Doch wir können beispielsweise anderen Gegenüber Interesse zeigen, ohne dass wir innerlich vollkommen dafür brennen. Wir können anderen zuhören, ohne dass wir gedanklich mit jeder Faser unseres Körpers beim anderen sind. Wir können sogar respektvoll und wertschätzend mit anderen umgehen, auch wenn wir innerlich in diesem Moment damit beschäftigt sind, unsere eigenen Emotionen und Reaktionsmuster zu managen. All das kann trotz der Simulation in diesen Momenten in positiv gerichteter Absicht geschehen. Wendet man simulierte Resonanzkompetenz jedoch in eigennützig negativer Absicht an, wird daraus Manipulation. Die damit einhergehenden Gefahren und die Verantwortung, die einem zuteilwird, hatte ich bereits angesprochen.

Ehrlich und positiv gerichtete Resonanzsimulation, die sich auf Phasen oder Bestandteile einzelner Schritte der Resonanz-Frequenz bezieht, wird im Ergebnis dazu führen, dass dadurch eine bereichernde Selbstwirksamkeitserfahrung erwächst. Du wirst die Erfahrung machen, dass es dir immer besser gelingt, bei anderen den richtigen Ton zu treffen, dein Gegenüber umfassend und empathisch wahrzunehmen und gelingende Beziehungen – gleich welcher Art – aufzubauen. Gelingt es uns, auch wenn bloß durch ergänzende Simulationen, andere Menschen in Resonanz zu bringen, zum Schwingen zu bringen, kommt diese Schwingung als Selbstwirksamkeitserfahrung bewegend zu uns zurück. Das wiederum steigert das Selbstbewusstsein und das Vertrauen in die eigenen Kompetenzen. Wenn du also von dir glaubst, dass du beispielsweise kein guter Zuhörer bist, kein gesteigertes Interesse an anderen Menschen hast, schnell emotional wirst, zu voreiligen Bewertungen tendierst – oder was auch immer: Werde dir dessen bewusst, trainiere dein Verhalten, mache es mittels (Teil-)Simulationen für andere erlebbar und du wirst spüren, was du damit bewirken kannst. So wird dann irgendwann aus einer Resonanzsimulation eine echte innerliche Resonanzkompetenz. Training schafft Erfolge.

In zwischenmenschlichen Interaktionen, die auf ein gegenseitiges Wahrnehmen, Zuhören, Hinhören, Erkennen, Verstehen und ein sich gegenseitig bewegendes Miteinander gebaut sind, spüren wir wahrhaftige Resonanz. Oft ist das an den leuchtenden Augen des anderen abzulesen, sie sind ein wundervolles Indiz dafür, dass eine echte resonante Verbindung im Spiel ist. Ich selbst kenne derartige Momente von vielen Bühnen, Seminaren und auch Einzelbegegnungen mit Menschen. Das Gefühl von Eigenschwingung, beim anderen erzeugter Schwingung und eben solcher, die zu einem zurückkommt, ist unbeschreiblich. Ich glaube fest daran, dass es in unser aller Berufs- und Privatleben immer wieder darum geht, solche Momente zu erreichen.

> **Kurze Zusammenfassung dieses Kapitels**
> Wollen wir mit unserem Gegenüber auf eine Wellenlänge finden, gilt es, eine Frequenz zu finden, die den anderen und dich selbst bewegt. In fünf impulsgebenden Schritten möchte ich dir aufzeigen, wie das Stück für Stück gelingen kann:
>
> **Wahrnehmen:** Blickkontakt, zugewandte Körperhaltung, lächeln.
> **Zuhören:** Interesse zeigen, Fragen stellen, aufnehmen.
> **Erkennen:** Emotionen, Werte und Überzeugungen erfassen.
> **Verstehen:** Rückfragen, Werte schätzen anstatt sie bewerten.
> **Bewegen:** Sich bewegen, Antwort, emotionale Ansteckung.
>
> Die einzelnen Schritte gehen fließend ineinander über und können –genau wie bei der Form der Frequenz – dynamisch und in Bewegung zusammenwirken.

3.3 Menschen klingen verschieden

»Ich bin Dur und ich bin Moll, ich bin Akkord und ich bin Melodie.
Jeder Ton ein Wort und jeder Klang ein Satz, mit dem ich sage, was ich fühle. Ich bin Takt und Pause, Dissonanz und Harmonie.
Ich bin forte und piano, Tanz und Fantasie. Ich bin Musik.«

aus »Ich bin Musik« aus dem Musical »Mozart!«,
Text von Michael Kunze, 1999

Diese Zeilen entstammen dem Mozart-Musical von Sylvester Levay und Michael Kunze, in dem die Lebensgeschichte des bedeutenden Komponisten Wolfgang Amadeus Mozart erzählt wird. Ein wundervolles Stück mit fantastischer Musik und einer tollen Dramaturgie. Ich finde diese Zeilen für unser Thema sehr passend, da sie im Grunde viel von dem beschreiben, was wir in Persönlichkeiten und Charakteren wiederfinden. Der Protagonist – in diesem Fall der junge Wolfgang Mozart – spricht in dem Titel davon, dass er die Vielfalt der Musik in sich trägt und zum Ausdruck bringen will. Jeder Klang sei ein Satz, der zeige, was er fühlt. Ich möchte genau das gern aufgreifen und herumdrehen: Jeder Satz ist ein Klang, der zeigt, was wir fühlen. Denn Menschen fühlen, während sie handeln. So ist unser gesamter Ausdruck immer ein Ergebnis unserer inneren Klangfarben und -struktur, die sehr vielfältig sein kann. Wie die obigen Zeilen es beschreiben, sind auch die Anteile unserer Persönlichkeit so verschieden und facettenreich, dass wir nur allzu selten dazu kommen, alles zum Klingen zu bringen. Gewisse Klänge – sinnbildlich für unsere Werte, Verhaltensweisen und Überzeugungen – senden wir bewusst oder unbewusst immer wieder. Das macht im Grunde unsere Kernpersönlichkeit und unser bevorzugtes Verhalten aus.

Dass Menschen von Grund auf verschieden sein können, ist dir sicher nichts Neues. Uns allen ist das zwar kognitiv klar und im Grunde bewusst, dennoch führt Andersartigkeit im Miteinander oft zu Reibung, Konflikten und Verletzungen. Die Ansichten anderer tatsächlich anzuerkennen und respektvoll im Umgang miteinander zu bleiben, stellt eine der größten Herausforderungen zwischenmenschlicher Interaktion dar. Die große Gefahr der subjektiven Bewertung habe ich im Kapitel zuvor bereits angeführt. Doch wie können wir es überhaupt schaffen, ein gutes Bild davon zu bekommen, wie der oder die andere klingt mit dem Ziel, uns einzuschwingen? Die einzelnen Phasen der Resonanz-Frequenz bilden den Rahmen dafür, was wir nun mit verschiedenen Persönlichkeitsstrukturen und -bedürfnissen versuchen, anzureichern.

»

Nichtgesehene Andersartigkeit ist einer der größten Resonanzkiller. Viele Reibungen, Konflikte und Verletzungen entstehen so.

«

Es gibt zahlreiche Modelle, die Verhaltensweisen und innerliche wie äußerliche Bedürfnisse von Menschen versuchen, in Stereotype zu kategorisieren. Wozu derartige Modelle meines Erachtens dienen, hatte ich bereits beschrieben: eine schnelle und möglichst treffsichere Einschätzung der Persönlichkeit des Gegenübers mit dem Ziel, sich auf ihn oder sie einzuschwingen – ohne Anspruch auf Richtigkeit, Vollständigkeit und mit dem Risiko von Pauschalierungen. Persönlichkeitsmodelle sollten niemals als Schubladendenken missbraucht werden. Sie sollen uns ein Instrument sein, damit sich unser Gegenüber im Dialog mit uns wohler fühlen kann – und wir uns selbst damit auch. Nun gibt es verschiedene Ansätze, die diesen Grundgedanken aufgreifen. Eine wissenschaftliche Basis bietet das sogenannte Riemann-Thomann-Modell, welches auf der Arbeit des Psychoanalytikers Fritz Riemann und der Weiterentwicklung durch den Psychologen Christoph Thomann beruht. Auf Grundlage von Riemanns Buch »Grundformen der Angst« aus dem Jahr 1961 sind mit diesem Modell vier Grundtypen menschlicher Bedürfnisstruktur und daraus resultierenden Verhaltens entstanden: Nähe (soziale Kontakte, Harmonie, Zugehörigkeit), Distanz (Eigenständigkeit, Unabhängigkeit, Freiheit), Dauer (Ordnung, Verantwortung, Pflichtbewusstsein) und Wandel (Spontaneität, Abwechslung, Genuss). Dabei stehen die beiden Pole Nähe und Distanz sowie Dauer und Wandel sich in einer Art Zielkonflikt gegenüber (Thomann/Schulz von Thun 2009: 173 f.).

Wenn du nun versuchst, dich selbst mit deinen persönlichen Bedürfnissen darin wiederzufinden, wirst du sicher feststellen, dass du alle dieser vier Pole in dir trägst. Es wird Situationen geben, da ist dir Harmonie wichtig und andere, da machst du lieber dein Ding. Genauso wirst du vielleicht spontane Unternehmungen mögen bei einem gleichzeitigen Bedürfnis nach Planung. Dennoch ist unsere Kernpersönlichkeit in bestimmten Bereichen besonders ausgeprägt. Das ist insbesondere dann der Fall, wenn wir beispielsweise unter Anspannung oder unter Druck stehen. Hier zeigen sich meist eine oder zwei der besagten Bedürfnispole, welche Thomanns Modell als Heimatgebiet beschreibt. An diesem Modell erkennen wir: Menschen klingen und schwingen verschieden und haben mitunter ganz unterschiedliche Bedürfnisse – wie sie behandelt werden wollen, was sie anspricht, wie sie Entscheidungen treffen und wie sie im Miteinander agieren. Idealerweise beginnst du bei dir selbst. Mache dir deine Klang- und Persönlichkeitsstruktur und deine damit einhergehende Wirkung auf andere bewusst. Es geht hier nicht um richtig oder falsch, gut oder schlecht, sondern darum, zu erkennen, wo man steht und welche Richtungen es vielleicht gibt, in die man sich bewusst weiterentwickeln kann. Gewisse Bedürfnisschwerpunkte in unserer Persönlichkeit beinhalten auch immer eine Entwicklungsaufgabe, wenn wir an uns und anderen wachsen wollen. Je mehr Tasten und Melodien du spielen kannst, desto größer ist die Wahrscheinlichkeit, dass du ein breites Publikum ansprichst.

Persönlichkeits- und Profilingkonzepte sind in den letzten Jahren auf dem Vormarsch. Wir können Menschen verschiedenen Farben zuordnen, bestimmten Tieren, Automarken und vielem mehr. All diese Bilder stehen für verschiedene Charakter- und Persönlichkeitsausprägungen – als Heimatgebiete persönlichen Verhaltens. Viele Organisationen haben im Grunde verstanden, dass das Wissen und die Befähigung im Umgang damit einen großen Erfolgsfaktor für das eigene Unternehmen darstellen. Sie wissen, dass der zwischenmenschlichen Beziehung sowohl innerhalb des Unternehmens als auch im Umgang mit externen Akteuren wie Kundinnen und Kunden eine zentrale Rolle zukommt. Ich habe allerdings manchmal den Eindruck, dass solche Modelle zwar eingeführt und geschult werden, sie aber in der Praxis kaum Anwendung finden. Wenn ich Menschen beispielsweise in Trainings danach frage, ob sie ein Persönlichkeitsmodell kennen und sich schon mal damit befasst haben, ist das bei den allermeisten Teilnehmerinnen und Teilnehmern der Fall. Sie können mir sogar sagen, wo der entsprechende Ordner mit dem Schulungsmaterial bei ihnen im Schrank steht. Doch warum entfalten solche im Grunde sehr bedeutenden Inhalte so selten Wirkung in der Praxis? Warum wächst darüber nicht unser Verständnis und Bewusstsein für die

Verschiedenheit und Vielfalt unter den Menschen? Ich glaube, das hat im Wesentlichen folgende Gründe: Seit Jahren werden derartige Modelle regelrecht durch Organisationen getrieben. Dann ist mal wieder eine zweitägige Schulung, wo man sich intensiv damit befasst und in die Tiefen der Persönlichkeitsmodelle eintaucht und am nächsten Tag hat einen der Joballtag wieder – und die wertvollen Inhalte verstauben im Schrank. In der nächsten Praxissituation fragt man sich dann bestenfalls noch: Wie war das nochmal? Welche Farbe hat der andere und wie soll ich reagieren? Das wäre schon gut, wenn eine derartige Reflexion stattfände. Meistens fällt man jedoch in seine alten Muster zurück. Das ist auch völlig nachvollziehbar und menschlich, denn Seminare können bestenfalls Erkenntnisse auslösen, Aha-Momente vermitteln, aber eine Verhaltensänderung lässt sich nur äußerst selten an einem Seminartag oder einem Workshopwochenende erreichen.

Weiterhin spielt natürlich die persönliche Haltung eines jeden einzelnen darauf eine große Rolle: Will ich solche Dinge überhaupt anwenden? Warum soll ich mich selbst auf den anderen einstellen, der kann doch auch damit anfangen? Zur notwendigen Haltung für gelingende Beziehungen habe ich schon einiges geschrieben. Hier zeigt sie sich wieder. Befähigung in etwas ergibt nur Sinn, wenn eine innere Grundmotivation und positive Einstellung zu dem Thema vorhanden sind. Ansonsten sollte eher auf der Haltungs- anstatt auf der Befähigungsebene gearbeitet werden. Zudem glaube ich, dass in all der vielfältigen Themenwelt, die Mitarbeitende bewegt und in der Schnelligkeit und Veränderungsnotwendigkeit, die viele spüren, solche Dinge oft in der Flut untergehen. Viel zu häufig kann man nur reagieren, anstatt bewusst oder gar proaktiv zu agieren. Ich möchte daher den Versuch wagen, dir auch in Sachen Persönlichkeitsmodelle eine weitere Komplexitätsreduktion anzubieten, um dem Thema etwas mehr an dringend notwendiger Leichtigkeit zu geben.

Die Wirkungsweise der Resonanzsprache Musik hatte ich bereits deutlich gemacht. Sie schafft es, Menschen zu bewegen und zu inspirieren. Musik klingt so verschieden, wie es auch Menschen tun. Es gibt Stilrichtungen in der Musik, mit denen geht man eher in Resonanz als mit anderen. Dabei haben verschiedene Musikrichtungen auch unterschiedliche Schwerpunkte in Stilistik, Klang und Botschaft. Diesen Gedankengang möchte ich gern aufnehmen und einen Transfer auf den unterschiedlichen Klang und Resonanzmöglichkeiten verschiedener Persönlichkeiten wagen. Es ist nämlich durchaus so, dass sich mit verschiedenen Musikstilen intuitiv Assoziationen, Eigenschaften und Wertvorstellungen verbinden lassen. Nehmen wir eine bestimmte Musikrichtung wahr, lässt sich dieser eine gewisse Stilistik zuschreiben, die wir recht instinktiv in Umgangs- und Verhaltensformen weiterdenken können. Ich darf immer wieder erleben, wie Menschen sehr ähnliche Vorstellungen davon haben, wie beispielsweise Klassik oder Schlager klingt und vor allem, wofür diese Stilrichtungen im Miteinander stehen könnten.

Denken wir an einen Klassik-Titel, könnten wir damit Assoziationen und Eigenschaften wie dominant, strukturiert, anspruchsvoll und dynamisch verbinden. Auch Wertvorstellungen wie Disziplin, Zielstrebigkeit und Qualität lassen sich intuitiv mit Klassik assoziieren. Für sehr viele Klassik-Titel trifft das zu. Lege einmal einen Titel wie »Nessun dorma« aus der Oper »Turandot« auf – ich bin mir sicher, du kannst einen Großteil der genannten Eigenschaften und Werte erspüren. Es gibt Menschen, die klingen und wirken so, wie ich es gerade zuvor beim Klassik-Titel beschrieben habe. Solche, deren Klangfarben der eines Klassik-Titels ähneln und wo sich genau das in deren Verhalten auch zeigt. Hierbei geht es weniger darum, wer gern welche Musik hört, sondern wer wie klingt. Wenn du also dein Gegenüber wahrnimmst, zuhörst und hinhörst, wirst du erkennen, wie er oder sie tönt und schwingt. Aus einer aufmerksamen und zugewandten Interaktion heraus wirst du spüren, ob ihm oder ihr Werte wie Qualität und Zielstrebigkeit wichtig sind und der- oder diejenige strukturiert, anspruchsvoll und selbstbewusst erscheint. Schaffst du es nun, diese Werte nicht zu bewerten, sondern dich darauf einzuschwingen, wird sich dein Gegenüber wohl bei dir fühlen. Wer beispielsweise nach Klassik klingt, dem solltest du mit Werten wie Verbindlichkeit und Struktur begegnen, wenn du ihn oder sie gewinnen willst. Aus dem angesprochenen und erfüllten Bedürfnis des Klassikers erfolgt mehr Resonanz im Miteinander.

Dem gegenüber klingen Oldies ganz anders. Denken wir an einen Oldie-Titel wie »Father and son« von Cat Stevens oder »Streets of London« von Ralph McTell, dann spüren wir bereits, dass es hier etwas sanfter zugeht. Wer nach Oldies klingt, dem sind Beständigkeit, Gelassenheit, Sicherheit und Harmonie wichtige Werte. Das sind Menschen, die agieren ruhig, abwartend und sind zuverlässig. Oft sind das wahre Kumpeltypen und Teamplayer. Wer eine solche Persönlichkeits- und Klangstruktur aufweist, legt Wert auf ein gutes und harmonisches Miteinander. Was derartigen Persönlichkeiten am meisten zusetzt, sind Zeiten der Veränderung. Da aus seiner oder ihrer Perspektive die alten Songs von damals schließlich immer noch gut ankommen, braucht man aus deren Sicht nichts zu verändern. Hier kommt das Sicherheitsbedürfnis sehr stark zum Tragen, welches sich durchaus auch in einer ablehnenden Haltung zeigen kann. Ablehnung heißt in den seltensten Fällen nämlich »Ich bin dagegen«, sondern meistens in Wahrheit »Ich habe Angst vor einer Veränderung oder vor Machtverlust« – unabhängig von der Persönlichkeitsstruktur. Wollen wir Menschen, die klingen und schwingen wie Oldies (was übrigens unabhängig vom individuellen Lebensalter gilt) für uns oder eine Sache gewinnen, gilt es, ihnen in besonderer Weise mit Geduld, Orientierung, Raum und Zeit zu begegnen. Hier könnte man als nach Klassik klingender Mensch seinen Taktstab beziehungsweise seine innere Stimmgabel noch so schnell und heftig schwingen, das wird solche Menschen eher weiter von uns wegtreiben, anstatt dass wir sie gewinnen.

Hört man sich waschechte Rock-Titel an, spürt man ein Gefühl von Freiheit, Selbstbestimmung und Unabhängigkeit. »Born to be wild« und »It's my life« sind wundervolle Beispieltitel für die Haltung von Menschen, die sinnbildlich nach Rock klingen. Ihnen ist es wichtig, möglichst unabhängig und frei zu agieren – es geht auch mal laut und rebellisch zu, wenn sie den Mehrwert einer Sache für sich nicht erkennen. Meist machen sie ihr Ding, egal was die anderen labern – wie es Panikrocker Udo Lindenberg in einem seiner Songs besingt. Sie agieren meist sehr effizient und achten darauf, dass sie keine Zeit mit aus ihrer Sicht unnützen Tätigkeiten vergeuden. Sie sind auch kein Freund großer Planung und Vorbereitung – wie das bei echten Rockern so üblich ist. Da solche Menschen oft sagen, was sie denken, könnten andere Verletzungen davontragen. Meist geht es ihnen aber tatsächlich um die Sache, ihnen würde etwas Diplomatie und empfängerorientierte Kommunikation sicher guttun. Spürst du, dass du es mit einem solchem Menschen zu tun hast, ist es wichtig, die Dinge möglichst pragmatisch und zielgerichtet anzugehen. »Nur nicht zu kompliziert und unnötig langatmig!«, Mehrwerte muss es bringen. Menschen, die auf der Rockfrequenz schwingen, wollen in besonderem Maße Beteiligte sein, nicht bloß Betroffene. Haben sie das Gefühl, man stülpt ihnen etwas über, könnte eben jene angesprochene Rebellion erfolgen. Hier kommt es in der Interaktion auf Unverblümtheit, Klarheit und pragmatische Ergebnisorientierung an, wenn wir Resonanz aufbauen wollen.

Wenn du an Schlager denkst, hast du sicher sofort ein paar Assoziationen. Schlager-Titel klingen nach Harmonie, Freude und Spaß und stehen für ein geselliges Miteinander. Menschen, die so klingen, sind oft sehr begeisterungsfähig, lebhaft und extrovertiert. Ein bisschen Spaß muss da immer sein, da geht es auch mal atemlos durch die Nacht über die Wolken hin zu einem Stern, der ihren Namen trägt. Sie fühlen sich wohl in der Umgebung anderer Menschen und erzählen gern, was sie bewegt und beschäftigt. Hier wirst du kein Problem haben, beispielsweise einen Small Talk zu führen – du wirst eher die große Herausforderung haben, auch einmal zu Wort zu kommen. In Organisationen sind das oft die Kolleginnen und Kollegen, die in keiner Teamrunde um ein Späßchen verlegen sind oder wo sich nach Feierabend nochmal alle im Büro versammeln, um noch gesellig ein gemeinsames Getränk zu verköstigen. Was Menschen, die nach Schlager klingen, gar nicht mögen, ist Kritik. Auch wenn du dir Mühe gibst, sie so sachlich wie möglich zu transportieren, sie fühlen sich sehr schnell persönlich angegriffen. Denn mit Spaß, Leichtigkeit und Harmonie hat Kritik selten etwas zu tun. Daher erscheint es mir wichtig, im Umgang mit solchen Charakteren zum einen eine Klarheit darüber herzustellen, wie groß der Raum für persönliche Entfaltung mit Spaß und Begeisterung ist und wo gegebenenfalls auch Grenzen liegen, die es einzuhalten gilt. Kritik kann dann gut wirken, wenn sie im Ergebnis dazu führt, dass dadurch wieder oder noch mehr Harmonie, Geselligkeit und gute Stimmung erreicht werden kann. Sie ist dann eine Art Mittel zum Zweck. Spürst du auf deinem Weg hin zu einer resonanten Verbindung mit deinem Gegenüber viele dieser Schlager-Frequenzen, begegne ihnen mit Raum für Kreativität, möglichst viel Zuspruch und guter Stimmung sowie einer behutsamen und werte-schätzenden Klarheit im Miteinander. Mit dem Strukturbedürfnis eines Klassikers oder dem Ruhebedürfnis eines Oldies wirst du hier nicht viel bewegen können.

Zu guter Letzt möchte ich noch eine musikalische Stilrichtung anführen, die ich als Electro bezeichne. Hiermit meine ich jegliche Form elektronisch produzierter Musik. Lauscht man derartigen Titeln, so klingen sie meist recht modern, innovativ und technikaffin. Für Menschen, die derartig klingen und schwingen, gilt genau das. Sie sind zudem oft neugierig sowie experimentier- und innovationsfreudig in ihrem Wirken und Verhalten. Ihre modernen Ansichten orientieren sich an neuen Trends, Tools und Möglichkeiten. Fehler suchen sie eher in Systemen, als bei sich selbst. Sie probieren neue Möglichkeiten aus und gehen auch gern unkonventionelle Wege. Wenn du spürst und erkennst, dass du es mit derartigen Charakteren zu tun hast, versuche, dich gut darauf einzuschwingen: Wenn du Führungskraft bist, biete ihnen den Raum, in dem sie sich gut entfalten können und sei offen dafür, dass sie durch neue und andere Ansätze auch zu guten Ergebnissen kommen können. Wenn du Elternteil bist, versuche, zuzulassen, dass auch die alten Songs von damals mit einem elektronisch produzierten Remix zu einer neuen, vielleicht sogar noch besseren Version ihrer selbst werden können. Denn spüren Electro-Charaktere, dass sich ihrer Denkweise kein Raum für Verständnis und Entfaltung bietet, werden sie sich sehr schnell zurückziehen. Das gilt natürlich auch für alle weiteren Stilrichtungen, aber für diese im Besonderen. Wie auch alle anderen genannten Stilrichtungen gilt auch die Umschreibung für Electro völlig alters- und geschlechterunabhängig, da sie mit unserer Persönlichkeitsstruktur und unseren inneren Wertvorstellungen einhergeht.

Wenn wir Menschen wahrnehmen, ihnen zuhören und auch hinhören – so wie wir es bei Musik auch tun – haben wir eine gute Chance, zu erspüren, wie sie klingen und schwingen und was sie von uns im Miteinander brauchen, um in Resonanz treten zu können. Die genannten Stilrichtungen gelten wie alle anderen Persönlichkeitsmodelle ebenfalls nicht in Reinform und statisch, sondern als eine Art Schwerpunkt, als Heimathafen. Wir tragen von allem etwas in uns, was zudem abhängig von der jeweiligen Situation und Rahmenbedingungen zu betrachten ist. Die intuitive Betrachtungsweise über musikalische Stilrichtungen soll mit einer Portion Leichtigkeit und Augenzwinkern dafür sorgen, dass wir alle wieder mehr und besser zuhören sowie unsere Sicht dafür öffnen, dass es auch andere wundervolle Klänge gibt. Klänge, die womöglich anders sind, als unser eigener. Wenn es uns gelingt, auf eine Wellenlänge mit jemanden zu finden, der anders klingt und schwingt, als wir selbst, entstehen großartige Verbindungen: Denken wir beispielsweise an Klassik meets Rock oder an Oldies, die elektronisch neu aufgelegt und produziert werden. Auch Schlagertiteln stehen elektronische Klänge genauso gut zu Gesicht wie E-Gitarren-Sounds. Uns für andere Sichtweisen zu öffnen, lässt wundersame Resonanzverbindungen entstehen, an den wir selbst ebenfalls wachsen können. Sobald wir beispielsweise damit beginnen, Klassik als zu detailverliebt,

Oldies als langweilig, Rock als hemdsärmelig, Schlager als primitiv und Electro als feindselig zu betrachten, können wir durch derartige Abwertungen nicht in gegenseitige Resonanz treten.

Egal, ob Persönlichkeitsstereotype für dich hilfreich sind oder nicht, mit welchem dieser Modelle du gern arbeitest und welches dir in der Praxis gut hilft, es geht immer darum, dadurch ein besseres Miteinander zu erreichen. Sich selbst und andere besser verstehen zu lernen, um in eine gegenseitige werte-schätzende und bewegende Verbindung zu treten. Hierfür brauchen wir keine besonderen Techniken und Tools, sondern die notwendige innere Haltung und Aufmerksamkeit für den anderen sowie ein Vertrauen auf unser Gespür und unsere Intuition, die uns allen geschenkt ist. Sich auf verschiedene Menschen einstellen und einschwingen zu können, führt zu Charisma und Wirkung sowie gleichermaßen zu einer Verantwortung für das, was wir vom anderen zurückbekommen.

Kurze Zusammenfassung dieses Kapitels

Menschen klingen verschieden, was ihre Werte, Ansichten und Überzeugungen angeht. Unter Zuhilfenahme von Persönlichkeitsstereotype-Modellen können wir eine schnelle und meist treffsichere Einschätzung darüber bekommen, auf welcher Wellenlänge unser Gegenüber schwingt. Unabhängig davon, welches Persönlichkeitsmodell du magst oder ob du dir deine eigenen Stereotype bildest: Sie sind ein probater Weg, sich auf andere einzuschwingen. Wir sollten es dabei so halten wie mit Musik: Wahrnehmen, zuhören und hinhören verschafft uns einen guten Eindruck darüber, was der andere von uns braucht, damit er oder sie sich uns verbunden fühlen kann.

3.4 Resonanz im Business

Wir leben in einer Welt, in der insbesondere im Business viele Dinge zunehmend standardisiert und digitalisiert werden. Aufgrund sich in den letzten Jahren stark verändernder wirtschaftlicher und gesellschaftlicher Rahmenbedingungen sind viele Organisationen damit beschäftigt, Effizienzgewinne und Kostenvorteile zu erzielen bei gleichzeitigen Ertragssteigerungen. Das bietet sowohl Chancen und birgt andererseits auch Risiken. Was für technische Abläufe und Prozesse im Sinne der Effizienz sinnvoll erscheint, muss noch lange nicht für (sogenannte) Führungsprozesse und Kundengespräche im Vertrieb gelten. Insbesondere in diesen beiden Bereichen treffen verschiedene Arten und Charaktere von Menschen aufeinander mit dem Ziel, bestenfalls in gegenseitige Resonanz zu finden. Man könnte meinen, dass der Faktor Mensch in Zeiten von Digitalisierung, Vereinfachung und Standardisierung immer unwichtiger wird – das Gegenteil ist der Fall.

Künstliche Intelligenz ist auf dem Vormarsch, sie wird vieles von dem, was heutzutage Menschen erledigen, mit hoher Wahrscheinlichkeit ersetzen. Insbesondere werden viele Serviceprozesse, die Bereitstellung von Wissen sowie beispielsweise auch kreative Arbeiten künftig zunehmend von der Maschine übernommen – erstaunlich und erschreckend zugleich. Der Content, den ein sogenannter Chatbot heute schon produzieren kann, ist bereits erstaunlich gut. Derartige Software kann Texte, Anleitungen, Erklärungen, Bilder und jegliche anderweitigen Inhalte in einer unglaublichen Qualität produzieren, wie es der Mensch wohl weder in der Schnelligkeit noch in der Qualitätsdichte jemals schaffen kann. Ich bin allerdings fest davon überzeugt, dass eine künstliche Intelligenz niemals die zwischenmenschliche Verbindung und die Schwingung und Energie, die von ihr ausgeht, ersetzen kann. Es sind Menschen, die emotionales Erleben schaffen und durch ihre eigenen Gefühlswelten andere bewegen und so Inhalte wirklich erlebbar machen. Hier findet emotionale Ansteckung statt, Herz-zu-Herz-Kommunikation ist nicht ersetzbar. Und genau sie macht den Unterschied zu allem anderen, was zunehmend austauschbar wird. Wir werden künftig vielleicht niemanden mehr brauchen, der die Funktionsweise eines Bausparvertrages erklärt – aber immer jemanden, der Vertrauen schafft, sich für Menschen interessiert und eine ehrlich bedarfsgerechte Empfehlung abgibt. Wir werden auch wahrscheinlich irgendwann niemanden mehr brauchen, der Urlaub genehmigt, manuelle Entscheidungsvorlagen bewilligt oder Personaleinsatzplanung macht – aber immer jemanden, der die Fähigkeit besitzt, Menschen zu bewegen und zu gewinnen. Künstliche Intelligenz wird sicher auch großartige Songtexte schreiben können – aber sie wird einen Konzertbesuch niemals ersetzbar machen. Umso wichtiger, sich insbesondere im Business der Qualität der zwischenmenschlichen Interaktion zu widmen und die sich rasant weiterentwickelnde Technik nicht als Gegner, sondern als dienendes Instrument zu begreifen.

Je mehr wir von Standards in Prozessen und organisatorischen Rahmenbedingungen umgeben sind, desto wichtiger wird also die Mensch-zu-Mensch-Beziehung. Denn im gewollten Gleichschritt der Standardisierungen fällt es schwer, den Einzelnen wahrzunehmen, zu erkennen und zu verstehen. Auch in Führung und Verkauf lassen sich Abläufe, Prozesse oder Instrumente standardisieren. Umso mehr wir das tun, desto mehr Individualität braucht es im Erleben der Menschen. Diese Individualität geht von der zwischenmenschlichen Verbindung aus und zeigt sich in Dingen wie persönlicher (An)Sprache, authentischem Auftreten, echtem Interesse und individueller Auseinandersetzung mit dem Gegenüber. Niemand hat Lust auf eine Standardbehandlung – sondern darauf, in wertschätzender, persönlicher und aufrichtiger Art und Weise als Mensch/als Kunde/als Mitarbeitender erkannt und geschätzt zu werden. Ein Perspektivwechsel in die Welt der Bühnen unterstreicht das: Dinge wie eine Bühneneinrichtung, die Beleuchtung, Lautsprecher und nicht zuletzt die einzelnen Instrumente sind standardisiert. Auch das Stück, was gespielt wird, ist im Grunde immer gleich. Was Gänsehaut verschafft, ist wie ein jeder Akteur diese Dinge bespielt mit dem Ziel, Menschen zu berühren.

»It's not the song, it's the singer« – wie mein lieber Speakerkollege Christian Lindemann es formuliert.

Wir alle verbringen einen Großteil unserer Lebenszeit am Arbeitsplatz. Damit wird dieser zu einer Begegnungsstätte, welche einen signifikanten Anteil daran trägt, ob wir uns im Leben zufrieden oder glücklich fühlen. Ein Vollzeit-Job schlägt mit ungefähr vierzig Wochenstunden zu Buche (ohne das, was physisch und vor allem mental noch hinzu kommt). Ich würde behaupten, die private Lebenszeit (in der man nicht schläft) kommt in einer Woche nicht weit darüber hinaus, eher bleibt sie darunter. Umso wichtiger, auch im Arbeitsumfeld für Verbindung und positive Schwingungen zu sorgen. Zwar nicht immer und überall, aber zum größten Teil sollten wir in unserer Tätigkeit das Gefühl beiderseitiger Resonanz spüren. Soziologe Hartmut Rosa geht sogar so weit: »Wenn sie sich von der Zentrierung um die Tätigkeit lösen, handelt es sich nicht mehr um Arbeits-, sondern um Freundschaftsbeziehungen.« (Rosa 2016: 340) Diesem Gedankengang kann man durchaus folgen: Wie oft vertraut man sich Kolleginnen oder Kollegen sowie auch seiner Führungskraft mehr an als so manchem Freund oder dem Partner zu Hause. Durch den hohen Anteil an gemeinsam verbrachter Zeit sowie auch das gemeinsame Meistern von Herausforderungen entwickeln sich Verbindungen und Beziehungen, die sehr intensiv und stark sein können. Wer also glaubt, im Business haben Gefühle, Emotionen und schlussendlich zwischenmenschliche Beziehungsqualität nichts verloren, der ist geradewegs auf dem Irrweg. Das Gegenteil ist der Fall. Derartige Dinge sind die Essenz dafür, dass Menschen Verbindung, Identifikation und Motivation in deren Tätigkeiten finden.

Das Gefühl des Berührtwerdens beziehungsweise Schwingens wirkt sowohl in der zwischenmenschlichen Interaktion mit internen und externen Akteuren einer Organisation als auch im eigentlichen Tun der Menschen selbst. Bei der Frage nach Resonanz im Business geht es demnach ebenfalls wieder um die beiden Ebenen der ersten und zweiten Stimmgabel. Menschen suchen das

Gefühl, dass die eigene Arbeit im Gesamtkontext des Unternehmens einen Unterschied macht – sie wollen Selbstwirksamkeit spüren. Wer solche erlebt, arbeitet nicht nur motivierter und erfolgreicher, sondern strahlt letztlich Zufriedenheit und Freude aus.

Beschäftigen wir uns im Folgenden tiefergehend damit, welche Rolle Resonanz insbesondere in den beiden Bereichen Führung und Verkauf tatsächlich spielt, wo es entscheidend darum geht, Menschen nicht nur zu verstehen, sondern sie zu gewinnen.

Führung mit und in Resonanz

Fachkräftemangel, job-hopping und quiet-quitting sind nur einige aktuelle Buzzwords für die Herausforderungen, vor denen Unternehmen heute und in Zukunft stehen. Das Kündigungsbestreben von Mitarbeitenden und auch dessen Vollzug sind in den letzten Jahren enorm gestiegen. Verschiedene Fachzeitschriften und -medien titelten schon im Jahr 2021: »Kündigungsbereitschaft so hoch wie nie«. Seit Ausbruch der Pandemie und der steigenden wirtschaftlichen Unsicherheit hat sich diese Entwicklung noch weiter verschärft. Doch woran liegt das?

Wir wissen längst, dass die allermeisten Mitarbeitenden nicht das Unternehmen, sondern den oder die Vorgesetzte(n) verlassen. Verschiedene Studien und Untersuchungen zeigen, dass im Schnitt bei ungefähr siebzig Prozent der Befragten die Unzufriedenheit, die zu einer Kündigung führt, aus Beziehungslosigkeit zu dem oder der Vorgesetzten rührt. Das zeigt sich in Dingen wie:

- Mangelnder Wertschätzung durch Vorgesetzte,
- einem differenten Werteverständnis zwischen Mitarbeitendem und Vorgesetztem und/oder der Organisation selbst,
- Überlastung oder Langeweile am Arbeitsplatz sowie
- keinem Gefühl der Selbstwirksamkeit durch die eigene Arbeit.

All das bedeutet mangelnde Resonanz. Anders ausgedrückt: Es gibt einen engen Zusammenhang zwischen Kündigungsbereitschaft und fehlenden Resonanzerfahrungen. Das Gefühl unzureichender Eigenschwingung genauso wie eine mangelnde Verbindung zu Vorgesetzten und dem Unternehmen selbst. Resonanzlosigkeit könnte man demnach als Kündigungsgrund Nummer eins bezeichnen. Materielle oder finanzielle Gründe tauchen zwar ebenfalls als Kündigungsgründe auf, spielen aber keineswegs die erste Geige. Gehalt ist und bleibt eben in vielen Arbeitsverhältnissen ein Hygienefaktor.

Menschen sind keine Maschinen, die ohne Weiteres Arbeits- und Lebenszeit gegen Geld eintauschen können. Menschen haben psychologische Grundbedürfnisse nach Anerkennung, nach Zugehörigkeit, nach Selbstwirksamkeit, kurz: nach Resonanz. Sie wollen gesehen, erkannt und verstanden werden – im Idealfall auch wertgeschätzt. Was etwas blumig klingen mag, ist eine harte Realität. Vor einer Weile hörte ich von einem Bekannten, dass er die Kündigung eingereicht hat. Ich war etwas verwundert, denn ich hielt ihn aufgrund seines beruflichen Erfolges für grundsätzlich motiviert und zufrieden. Was hat ihn also zu diesem Schritt bewegt? In einem gemeinsamen Gespräch sagte er Sätze wie

»Ob ich hier jeden Tag alles gebe, damit es meinem Unternehmen gut geht, interessiert doch eh keinen.«

oder auch

»Egal, welche Ideen ich einbringe, ich laufe immer wieder vor eine Wand.«

Beinahe erschreckend, welche Botschaften darin stecken und vor allem, welche Verletzung in den Aussagen zu spüren war. Das zeigt es uns exemplarisch: Menschen wollen gesehen werden, eine Wirksamkeit des eigenen Handelns und eine Verbindung spüren – bewegen und bewegt werden. Trifft unser natürliches Bedürfnis nach Resonanz auf eine solche Beziehungslosigkeit, verletzt uns das tief. Insbesondere dann, wenn derartige Situationen immer wieder auftreten. Das kann in der Beziehung zu Vorgesetzten ebenso der Fall sein wie in der Beziehung zum Arbeitgeber an sich. Gerade in Krisenzeiten, wo sich vieles um uns herum verändert, brauchen Menschen Orientierung und sogenannte Resonanztankstellen, die sie nicht zuletzt an ihrem Arbeitsplatz suchen und hoffentlich zu einem großen Teil auch finden.

Resonanzkompetenz – also die Fähigkeit zur Wahrnehmung, des Zu- und Hinhörens, des Erkennens, Verstehens und Bewegens – zählt demnach zu den basalen Führungsskills. Die Zeiten, in denen Führung als Privileg in der Rolle des oder der Vorgesetzten verstanden wurde, sind hoffentlich längst vorbei. Das hat wieder ganz stark mit der eigenen Haltung auf Führungsaufgaben zu tun: heliozentrisch oder geo-/egozentrisch genauso wie den Antritt, den anderen im Sinne des gemeinsamen Erfolges größer und besser zu machen. Sein ehrliches Warum in der Führungsarbeit zu kennen, stellt sowohl die Grundlage der inneren Haltung als auch von Leidenschaft und Energie – die Schwingung der ersten Stimmgabel – dar.

Führung ist ein Dienst an den Menschen: sich für sie interessieren, ihnen zuhören, sie bewegen, inspirieren und stärken. Eine derartige intrinsische Motivation bildet die Grundlage dafür, Menschen in Schwingung versetzen zu können und in der Folge zu spüren, dass eben solche zu einem zurückkommt. Extrinsische Motivationsfaktoren wie Geld, Status und Macht führen selten dazu, dass wirkungsvolle Führung entsteht. Sie sind bestenfalls Beiwerk, das der eine mehr und der andere weniger für sich braucht. Derartige Dinge haben immer mehr mit einem selbst als mit dem Gegenüber zu tun. Daher sind sie für ein Wirken als echter Leader kaum nachhaltig oder erfolgsfördernd – das heißt nicht, dass man sich darüber nicht freuen und sie dankbar annehmen darf.

Bei resonanter Führung spielt es eine große Rolle, sich auf die Menschen einzulassen und die eigene Vorstellungswelt auch infrage stellen zu können. Wer sich ständig absichern will, ein hohes Kontrollbedürfnis an den Tag legt, eigene wie fremde Fehler nicht zulässt, bietet damit dem Unvorhergesehenen und natürlich Entstehendem keinen Platz und wird daher kaum Resonanzmomente erleben. Ein Antwortmoment kann nur entstehen, wenn man diesem Raum bietet. Natürlich ist das keine Einbahnstraße, sondern vielmehr ein Kreisverkehr im Miteinander. Hier geht es um all die Dinge, die ich im Kapitel 3.2 »Verbindung aufbauen: Die Resonanz-Frequenz« zu beschreiben versucht habe. Die Rollenvielfalt in der Führung zwischen Vorgesetztem, Coach, Mitarbeitendem und Unternehmer gilt es im Zusammenspiel mit einem situativen Führungsverständnis, welches die unterschiedlichen Charaktere der Menschen, deren Fähigkeiten und Motivationen (Können und Wollen) berücksichtigt, gut zu orchestrieren. Führungsarbeit ist – genau wie beispielsweise Musik – ein wahres Handwerk:

- Mit wem habe ich es zu tun – wie klingt und schwingt mein Gegenüber?
- Was braucht derjenige, um in Resonanz treten zu können?
- Welcher Führungsstil entspricht dem Können und dem Wollen des Mitarbeitenden? Eher befähigend, delegierend oder direktiv?
- Was kann ich tun, damit mein Mitarbeitender unabhängig von mir erfolgreicher wird? Wie lässt sich seine Selbstwirksamkeit fördern?
- Was braucht das Team, um erfolgreicher werden zu können?

Selbstreflexion, nicht immer eine unter Führungskräften beliebte Tugend, ist hier genauso wichtig wie Fokus auf das Gegenüber. Genauso wie das Bewegen des Gegenübers wichtig ist, ist es wichtig, selbst bewegt zu werden. Letzteres kann durch die beim Gegenüber erreichte Schwingung geschehen, die zu einem zurückkommt oder auch durch Begegnungen mit eigenen Vorgesetzten und/oder Kolleg(inn)en, aus denen man für sich Energie ziehen kann. Die Anforderungen an Führungskräfte im Instrumentarium, den notwendigen

»Führung ohne Resonanz ist
wie ein Konzert ohne Publikum.«

Fähigkeiten und sozialen Kompetenzen sind in den letzten Jahren enorm gestiegen und breit gefächert, daher gilt es auch die Kolleginnen und Kollegen, die derartige Aufgaben erfüllen, im Sinne der Resonanz zu begleiten und ihnen Energie (zurück) zu geben. In jeder Führungsrolle steckt ein Mensch, der ebenfalls eigene Resonanzbedürfnisse hat.

Doch auch die besten Führungskräfte können in ihrem Wirken nur gute Voraussetzungen dafür schaffen, dass resonante Verbindungen entstehen können. Jedes Handeln, jedes Wirken in dieser Richtung ist immer nicht mehr als eine Einladung oder ein Angebot. Es ist demnach eine Portion Vertrauen darauf notwendig, dass sie im Miteinander entsteht. Sobald man damit beginnt, Resonanz berechnend, geplant und lediglich als eine Art bloße Simulation zu betreiben, wird wohl eher das Gegenteil eintreten: Die Menschen spüren, wenn etwas nicht echt oder nicht authentisch ist und es wird auf Dauer ohnehin für einen selbst auch zu anstrengend, eine Rolle zu spielen, die nicht seine eigene ist. Es wird sich demnach eher eine Entfernung voneinander als eine Verbindung zueinander entwickeln. Führung ohne Resonanz ist wie ein Konzert ohne Publikum: Selbst, wenn die eigene Performance einem gefällt, sie wird in diesem Fall niemanden berühren.

Kundenresonanz in Vertrieb und Verkauf

Niemand lässt sich gern etwas verkaufen, doch jeder kauft gerne. Bei mir selbst ist das jedenfalls so, bei dir auch? Wenn ich das Gefühl habe, jemand möchte mir etwas verkaufen, ziehe ich mich sehr schnell zurück. Das liegt natürlich auch an den bei vielen Menschen negativen Konnotationen mit dem Verkaufsbegriff. Hören wir Vertrieb oder Verkauf, denken viele schnell an Extreme wie Unaufrichtigkeit, Geld-aus-der-Tasche-ziehen oder sogar Abzocke. Die meisten Menschen wollen daher keine Verkäufer sein – und auch nichts verkauft bekommen. Ich finde, derartige Assoziationen werden dem Verkaufsgedanken nicht gerecht. Leider gibt es (wie in jedem Arbeitsbereich) schwarze Schafe: Menschen, deren Interessen nur darauf ausgelegt sind, eigene Vorteile und Profite zu erzielen. Doch im Gegensatz zu anderen Bereichen wird insbesondere das Image von Vertrieb und Verkauf von den negativen Akteuren geprägt. Sie werten den Verkaufsbegriff durch moralisch fragwürdige Interessen derartig ab.

Rein objektiv betrachtet bedeutet Verkauf zunächst erst mal nichts anderes als eine Zusammenführung von Angebot und Nachfrage, welche sowohl für positive Schwingungen beim Verkäufer sorgt, als auch den Bedarf und das Bedürfnis des Kunden befriedigt. Ein Geschäft sollte immer beiden Seiten Freude machen. Was es so subtil machen kann, ist ein oft einseitiges Expertenwissen auf Seiten des Verkäufers, worauf ein potenzieller Kunde sich in manchen Fällen verlassen muss. Das dafür notwendige Vertrauen ist die große Achillesferse des Verkaufsbegriffes. Hätten sowohl Anbieter als auch Nachfrager das gleiche Wissen und den notwendigen Zugriff auf das entsprechende Gut, bräuchte es im Grunde keine Verkaufsmitarbeitenden. Das mag auch ein Grund dafür sein, dass sich bei vermeintlich einfachen Produkten und Services Kundinnen und Kunden in den letzten Jahren immer mehr zu sogenannten Selbstentscheidern entwickeln. Sobald jemand das Gefühl hat, das gesamte für einen Kauf notwendige Wissen zu haben, könnte er oder sie den Kauf auch selbst tätigen. Wir spüren das bei Druckerpatronen, Glühbirnen und Schuhen genauso wie bei Girokonten, einfachen Versicherungen oder Urlauben. Ob das eigene Produkt- und Dienstleistungswissen hier jeweils tatsächlich ausreichend ist, spielt erst mal keine Rolle. Solange ein Käufer das Gefühl hat, selbst und ohne weiteren Rat entscheiden zu können, wird er oder sie es tun und auch das wahrscheinlich günstigste Angebot auswählen.

Ausgehend von der These, dass jeder im Grunde gern kauft, könnten wir überlegen, was genau dazu führt. Sicher finden wir auch neurobiologisch eine Antwort darauf, da bei einem Kauf in unserem Gehirn gewisse Botenstoffe ausgeschüttet werden, die für ein Glücksgefühl sorgen. Oft führt Konsum zu einem Empfinden der Belohnung oder Befriedigung. Verschiedene Studien belegen, dass derartige Emotionen tatsächlich nur kurzfristiger Natur sind. Wir alle kennen das aus unserem Alltag: Schnell verfliegt das beschwingende Gefühl nach einem Kauf wieder. Bei größeren Anschaffungen wie beispielsweise einem Auto mag es noch etwas länger anhalten. Auch ohne die neurobiologischen Faktoren in den Fokus zu rücken, können Menschen bei einem Kauf ein wohliges und freudiges Gefühl haben. Insbesondere dann, wenn es sich um eine Kaufsituation zwischen zwei Menschen handelt.

Folgendes Beispiel: Ein junger Mann geht in ein Bekleidungsgeschäft und schaut sich nach einem Anzug um. Kurz darauf nähert sich eine Verkäuferin dem Kunden mit der Frage, womit sie ihm eine Freude machen kann. Der junge Mann entgegnet, dass er nach einem Anzug sucht. Daraufhin stellt ihm die Verkäuferin einige Fragen: Für welchen Anlass suchen Sie etwas? Haben Sie eine Lieblingsfarbe? Welche Passform tragen Sie gern? Gibt es ein Material, in dem Sie sich wohlfühlen? Für welchen Rahmen ist der Anzug gedacht? Werden Sie ihn öfter tragen? Haben Sie bereits eine Vorstellung zu Ihrem Budget? Diese beispielhaften Fragen führen im Ergebnis dazu, dass die Verkäuferin kurz die Situation verlässt: »Ich habe etwas, was genau zu Ihren Vorstellungen und Bedürfnissen passt. Ich bin sofort wieder bei Ihnen.« Kurz darauf erscheint sie mit einem Anzug (dessen Größe sie aufgrund ihrer Erfahrung nahezu perfekt abgeschätzt hat) zur Anprobe für den jungen Mann. In diesem Moment könnte sich bei ihm schon ein wohliges Gefühl breitmachen, was im Ergebnis zum Kauf führen könnte. Der emotionale Teil der Kaufentscheidung ist schon passiert. Das Preisschild kommt meistens erst danach.

Was möchte ich mit diesem kleinen Beispiel deutlich machen? Guter und ehrlicher Verkauf basiert auf Wahrnehmung, interessierten Fragen, Zu- und Hinhören, Erkennen, Verstehen und einer darauf basierenden Antwortreaktion – all die Phasen, die du aus der Resonanz-Frequenz kennst. Dazu kommt eine gewisse Leidenschaft und Eigenschwingung der Verkäuferin, die gern tut, was sie tut: Menschen eine Freude machen. Und diese kommt im Ergebnis auch zu ihr zurück. Diese Resonanzerfahrung führt dazu, dass sich der Kunde aus unserem Beispiel gut fühlt und gern kauft. Er fühlt sich verstanden und wertschätzend behandelt. Das sorgt für ein Glücksgefühl.

Beim Verkauf geht es also im Wesentlichen darum, Menschen das Gefühl der Wahrnehmung, des Interesses, des Verständnisses und einer antwortbasierten Angebotssituation zu vermitteln. Menschen entscheiden sich nicht für Produkte, sondern für gute Gefühle, die zum größten Teil auf der zwischenmenschlichen Interaktion beruhen. Es geht meistens darum, den emotionalen Nutzen und das tatsächliche Bedürfnis zu erkennen und zu erfüllen. Und so verkauft eine Anzugverkäuferin keine Anzüge, sondern beispielsweise ein wohliges und gutes Gefühl auf der Bühne des Abiballs. Das ist die wahre Gegenleistung – der eigentliche Kundennutzen – für den zu entrichtenden Kaufpreis. Ein Bankberater im Firmenkundengeschäft verkauft keine Kredite, sondern das Gefühl ehrlichen Interesses am Unternehmen und einer erfolgreichen Zukunft. Ein Versicherungsmakler verkauft keine Altersvorsorgeprodukte, sondern das Gefühl von Sicherheit und finanzieller Sorglosigkeit im Alter. Alles gepaart mit authentischer Eigenschwingung, Interesse und Verständnis für den anderen. Wir könnten diese Beispiele weiter fortführen. In den allermeisten Fällen bedeutet Verkauf, eine negative Emotion (ob bewusst oder unbewusst) gegen eine positive einzutauschen. Es ist die große Aufgabe von Beratern und Verkäufern, durch all die einzelnen Schritte der Resonanz-Frequenz herauszufinden, was das Gegenüber tatsächlich beschäftigt und bewegt und sich genau darauf einzuschwingen. Und wer möchte, dass sein Kunde Dinge von sich preisgibt, der gebe bitte auch in ehrlicher und authentischer Weise Dinge von sich selbst preis. Auch im Verkauf sollten wir nichts von anderen erwarten, was wir selbst nicht bereit sind, zu tun. Auch im Vertrieb und Verkauf geht es wieder entscheidend darum, die eigene Vorstellungswelt, die vorbereiteten Argumente, die geplante Angebotspräsentation gedanklich zu verlassen, um sich in seiner Aufmerksamkeit ganz dem Menschen hinzugeben, der wahrgenommen und verstanden werden will. Dass durch die im Grunde einfache Erlernbarkeit dieser Fähigkeiten eine große Verantwortung für das Vertrauen des anderen entsteht, darauf hatte ich bereits hingewiesen. All das, was ich hier als meine tiefste Überzeugung für gelingenden Verkauf, der beiden Seiten Freude bereitet, teile, ist auf Ehrlichkeit und moralisches Handeln aufgebaut. Ich kann nur darauf vertrauen, dass es auch zu solchem angewendet wird.

Fragt man Menschen im Verkauf danach, was ihnen an ihrem Job am meisten Spaß macht, höre ich meistens Antworten wie »Das mit den Kunden«. Doch viel zu oft bleibt genau dafür immer weniger Zeit: Dokumentationspflichten, Controllingvorgänge, Sachbearbeitung, Serviceangelegenheiten. Es gibt viele Dinge, die es Kundenberaterinnen und -beratern erschweren, sich tatsächlich auf die Interaktion mit dem Gegenüber zu konzentrieren. Hinzu kommen bestimmte Beratungs- und Verkaufsprozesse, in denen nach einem einheitlichen Standard eine Beratung zu erfolgen hat. Verstehe mich bitte nicht falsch: Ich bin ein großer Freund einheitlicher Qualität, einer gemeinsamen Idee und Philosophie sowie darauf abgestellten Vorgehensweisen. Doch leider werden derartige Dinge viel zu oft missbraucht, um den Menschen all das, was sie persönlich ausmacht, wie sie klingen und schwingen, wie sie agieren und wirken, zu nehmen. So werden Verkaufsdialoge zu einer Art Einheitsbrei. Dass das im Sinne von Resonanz nicht funktionieren kann, zeigen all die vergangenen Kapitel dieses Buches. Eine dogmatische Anwendung solcher Prozesse und Abläufe bringt sämtliche Schwingungen zum Verstummen, da sie selten dazu führt, dass sich Menschen darin wiederfinden. Das ist auch der Grund, warum vorgefertigte Fragen, die ein Verkaufstrainer mitgebracht hat, schnell zu Phrasen werden können, die niemandem Spaß machen und nichts bewirken. Diese können meiner Überzeugung nach immer nur als Impulse und Ideen angesehen werden, die Menschen zu ihrem eigenen machen und dadurch in Einklang damit stehen können. Verstehen wir Beratungsstandards jedoch als eine Art Klavier, dass es zu spielen gilt, sieht das Ganze anders aus. Lasse mich wieder ein Piano-Beispiel verwenden: Jedes Klavier hat achtundachtzig Tasten mit der gleichen

Belegung an schwarzen und weißen Tasten, die (wenn es richtig gestimmt ist) beim Anschlagen gleich klingen. Was innerhalb dieses standardisierten Rahmens nun Zuhörer zum Erklingen bringt, ist die Melodie, die der Akteur spielt. Wenn du versuchst, einen Pianisten dazu zu bringen, die immer gleiche Melodie für alle Arten von Zuhörern zu spielen, in der gleichen Abfolge, mit den gleichen Tönen, wird das weder ihn selbst noch sein Publikum bewegen.

Was ich damit sagen will: Aus meiner Erfahrung hat in Organisationen ein Großteil der Mitarbeitenden im Vertrieb Freude an der Interaktion mit Kundinnen und Kunden. Warum? Weil hier etwas zu ihnen zurückkommt: Das Gefühl, einem Menschen weitergeholfen zu haben. Eine dankbare Nachricht, dass die Beratung sehr gut gewesen sei. Oder Wertschätzung durch eine Karte oder ein Präsent zur Weihnachtszeit. Diese Grundmotivation an der Arbeit mit Kundinnen und Kunden gilt es, nicht in der Weise zu zerstören, dass dogmatische Standards und ein Übermaß an kundenfernen Tätigkeiten die innere Grundschwingung von Verkaufsmitarbeitenden zum Stillstand bringen. Aus der Verbindung aus technischer Prozesswelt, digitaler Unterstützung sowie einheitlichem Verständnis in der Organisation mit dem Faktor Mensch wird eine Schwingung erwachsen, die Kundinnen und Kunden bewegen und begeistern kann.

Kurze Zusammenfassung dieses Kapitels

Wir verbringen einen Großteil unserer Lebenszeit am Arbeitsplatz, daher sollten wir auch hier dafür Sorge tragen, dass eine resonante Verbindung und Beziehung zu den Menschen und zur Organisation selbst entstehen kann. Resonanzlosigkeit gilt als Kündigungsgrund Nummer eins. Sowohl in der Führung als auch im Verkauf geht es darum, mit einer authentischen Eigenschwingung andere Menschen zu erkennen, zu verstehen und zu bewegen.

3.5 Wohlklingend kommunizieren

Das große und weite Feld der Kommunikation ist wohl der entscheidende Bereich, der zwischenmenschliche Interaktion überhaupt eröffnet. Abgeleitet vom Lateinischen »communicatio« bedeutet Kommunikation im Grunde so etwas wie Informationsaustausch oder -übertragung. Resonanz ist ohne Kommunikation unmöglich, wobei diese natürlich auf verschiedene Arten und Weisen stattfinden kann. Einige Facetten von Kommunikationskanälen haben wir bereits beleuchtet – die gesamte Resonanz-Frequenz beruht auf Kommunikation. Watzlawicks These, dass man nicht nicht-kommunizieren kann, lässt erahnen, dass wir in unserem Tun und Nicht-Tun immer auf andere wirken – ob wir wollen, oder nicht. Demnach lohnt sich immer der bewusste Blick darauf, wie Kommunikation überhaupt erfolgen soll. Sie dient im Wesentlichen dem Zweck, unsere Gedanken, Haltungen und Überzeugungen verbal und nonverbal zum Ausdruck zu bringen. Da wir längst wissen, dass über die Wirkung von Kommunikation meist der Adressat bestimmt, ist ein empfängerorientierter Perspektivwechsel unerlässlich. Die im Kapitel 3.2 »Die Resonanz-Frequenz« dargestellten Schritte zielen genau darauf ab: empathische, wertschätzende und empfängergerechte Kommunikation auf Augenhöhe.

Auf die gerade angesprochene Augenhöhe möchte ich gern kurz eingehen: Sie bedeutet im Kern, dass sich keiner der Kommunikationspartner überlegen oder gar unterlegen fühlt – eine zwingende Voraussetzung für beiderseitige Resonanz. Beide sehen sich als in der Interaktion Gleichberechtigte an, was natürlich nur mit dem nötigen Zuhören, Wertschätzen und respektvollen Umgang miteinander gelingen kann. Oft passiert es, dass sich in zwischenmenschlichen Begegnungen gewisse Rollen ausbilden, die eine Kommunikation auf Augenhöhe unmöglich machen. Das im Rahmen der Transaktionsanalyse vom Psychologen Stephen Karpman im Jahr 1968 entwickelte Modell des sogenannten Drama-Dreiecks stellt diese kommunikativen Rollen vor: Die sogenannte Verfolger-Rolle wird als diejenige wahrgenommen, welche die meiste Macht innehat. Sie scheint den anderen überlegen zu sein. Dem Gegenüber steht die Opfer-Rolle, welche sich in Hilflosigkeit und Bedürftigkeit gibt und sich lieber gern unterordnet. Die dritte im Bunde ist der Retter, der danach trachtet, das Opfer aus seiner Misere zu befreien. Sowohl der Verfolger als auch der Retter fühlen sich überlegen, das Opfer eher unterlegen. Was ich hier in Kürze zu beschreiben versuche, ist die Basis jedweden Dramas – ob im echten Leben oder in fiktiven Geschichten. Ein großer Teil von Filmen, Märchen, Theaterstücken und Musicals ist genau darauf aufgebaut. Wer beispielsweise die Geschichte des Phantoms der Oper kennt, kann den Verfolger sehr schnell benennen: das Phantom. Es versucht, durch Machtdemonstrationen seinen Willen zu bekommen. Sein Opfer, die junge Christine Daaé, gibt sich dem hin und scheint in dem Spiel eine schwächere Position innezuhaben. Doch der Retter naht: Der Vicomte de Chagny Raoul eilt ihr zu Hilfe und befreit sie aus den Kellergewölben der Pariser Oper. Rollen für ein Drama, doch nicht für Kommunikation auf Augenhöhe. Es ist wichtig, zu verstehen, dass die dargestellten Rollen nicht dauerhaft gelten, sondern sich im Verlaufe der Interaktion durchaus verändern können. Schnell kann aus einem Verfolger nämlich auch das Opfer werden, und aus dem Opfer auch ein Retter. Im Beispiel des Phantoms der Oper erkennt man genau das wundervoll: Am Schluss ist das Phantom als Opfer zu erkennen, Raoul als Verfolger und Christine als die empathische und verständnisvolle Retterin. Nehmen wir ein weiteres Beispiel aus dem Alltag, welches mein lieber Trainerkollege Dirk Plegge gern erzählt: Eine Mutter verbringt den Tag mit ihrem fünfjährigen Sohn zu Hause, der Vater ist zur Arbeit im Büro. Abends kommt der Vater nach Hause, öffnet die Tür und seine Frau entgegnet ihm sichtlich erschöpft »Gut, dass du nach Hause kommst. (Pause). Unser Sohn hat mir heute fast den letzten Nerv geraubt, ich bin fix und fertig. Er hört einfach nicht auf mich.« Du erkennst die Rolle sofort: Opfer. Der Vater wird sich seiner Rolle sofort bewusst: »Wo ist der Kleine?« – der Retter naht. Das Kind, bislang der Verfolger, spielt in seinem Zimmer. Der Vater stürmt in das Kinderzimmer, stellt den Jungen zur Rede und weist ihn nachdrücklich darauf hin, dass er gefälligst auf seine

Mutter zu hören hat. Und nun beginnt das Drama: Der Junge verlässt weinend das Zimmer, der seine Frau rettende Vater denkt sich »Das hat hoffentlich gesessen«. Du ahnst, wohin der weinende Junge rennt? Na klar: zu seiner Mutter. Er weint sich aus und berichtet, wie sein Vater so hart mit ihm geschimpft hat. Aus dem ehemaligen Verfolger ist also nun das Opfer geworden. Unser bisheriger Retter betritt wenig später völlig zufrieden mit sich und seiner elterlichen Autorität das Wohnzimmer, wo seine Frau schon auf ihn wartet: »Was hast du denn mit dem Jungen gemacht? Das hätte ich auch gekonnt!« (ehemaliges Opfer, nun Verfolger). Aus dem zufriedenen Retter wird also nun das Opfer.

Immer dann, wenn man ein Drama inszenieren möchte, ist man mit der Besetzung dieser Rollen gut beraten. Damit sich innerhalb der Kommunikation im echten Leben solche Dramen allerdings möglichst wenig abspielen, gilt es, ein Bewusstsein darüber zu schaffen, in welcher Rolle man sich womöglich gerade befindet und ob man demzufolge mit dem Gefühl der Überlegenheit oder der Unterlegenheit in die Interaktion startet. Beides ist sehr ungünstig und führt nicht zu wohlklingender Kommunikation auf Augenhöhe, die beide Seiten im Sinne der Resonanz in Schwingungen versetzt. Ein entstehendes Kommunikationsdrama kann nur verhindert werden, wenn sich möglichst alle der drei Rollen ihrer bewusst werden und selbstreflektiert fragen, wie sie aus ihr aussteigen können. Da wir unser Gegenüber kaum beeinflussen geschweige denn steuern können, haben wir es lediglich für unseren Teil selbst in der Hand, unsere (drohende) Rolle zu vermeiden oder zu verlassen. Opfer müssen lernen, Verantwortung für sich und ihr Handeln zu übernehmen und sich nicht darauf zu verlassen, dass jemand anderes sie rettet. Verfolger sollten dahin kommen, ihre eigenen Fehler einzugestehen und sie nicht bei anderen zu suchen. Retter können dem Drama-Dreieck nur entfliehen, wenn sie ganz bei sich selbst bleiben, ein verführerisches Hilfegesuch eines Opfers erkennen und sprichwörtlich den Affen auf der Schulter des anderen belassen. Echte Resonanz ist in keiner dieser drei Rollen möglich.

Unser wichtigstes Kommunikationsinstrument, was uns von nahezu allen anderen Lebewesen dieses Planeten unterscheidet, ist die Vielfalt und die Ausdrucksfähigkeit unserer verbalen Sprache. Wir haben die Kompetenz, unser Denken, Fühlen und Handeln in Worte zu fassen, um so die Interaktion mit unseren Mitmenschen in vielerlei Hinsicht zu gestalten. Ich habe im Zusammenhang mit Authentizität bereits angeführt, dass wir im Idealfall all das, was wir sagen, auch denken, meinen und ausstrahlen sollten. Manchmal passiert es, dass Menschen all das sagen, was sie denken oder etwas sagen, was sie gar nicht so meinen. Sind unsere kognitiven, emotionalen und teils unterbewussten Kommunikationskanäle nicht im Einklang miteinander, haben unsere Mitmenschen es mitunter schwer, uns zu folgen – man spürt Unstimmigkeiten, die zu Unklarheiten führen können.

Klarheit ist einer der wichtigsten Faktoren für gelingende Kommunikation. Doch was bedeutet das? Fangen wir andersherum an: Klarheit bedeutet nicht Schärfe, Härte oder Unbeugsamkeit. Klare Kommunikation bedeutet vielmehr, seine Gedanken so zu transportieren, dass sie für den Empfänger möglichst leicht und zweifelsfrei verstanden werden können. Die gerade zuvor angesprochene Stimmigkeit der verbalen und nonverbalen Kommunikation spielt dabei eine zentrale Rolle. Oft sehen wir in den Augen unseres Gegenübers, ob das Gehörte dem Gemeinten entspricht. Kommunikative Klarheit ist darauf aus, wesentliche Informationen aus dem eigenen Denken und Handeln empfängergerecht zu senden. Auch das beginnt wieder bei uns selbst: Sind wir uns überhaupt selbst im Klaren, was wir wirklich sagen und zum Ausdruck bringen wollen? Falls nicht, hat unser Gegenüber wohl kaum eine Chance, uns so zu verstehen, wie wir es uns wünschen. Wenn wir es schaffen wollen, dass unsere Mitmenschen uns besser verstehen, braucht es fortwährende Selbstreflexion über die eigene kommunikative Klarheit, die Stimmigkeit zwischen den inneren und äußeren Sendefrequenzen sowie überhaupt einen Willen darüber, das Gegenüber überhaupt zu erreichen und zu bewegen. Resonanz stellt sich ein, wenn es uns kommunikativ gelingt, auf eine Wellenlänge zu finden. Wenn wir selbst ein gutes Bild über die Perspektive, die Überzeugungen und Ansichten unseres Gegenübers gewinnen können, um auf dieser Basis die sachliche Interaktion zu suchen. Ob die auf den Boden geschriebene Zahl nun eine Sechs oder eine Neun ist, liegt an der Perspektive. Schaut einer von unten darauf und der andere von oben, werden beide behaupten, recht zu haben. Die Wahrheit liegt hier einzig und allein im Gespräch und damit einhergehend in guter Kommunikation.

Manchmal passiert es uns, dass insbesondere unsere sprachliche Kommunikation – ob mündlich oder schriftlich – nicht in der Art wohlklingend ist, dass sie beim Empfänger in klarer, offener und empathischer Art und Weise zur gewünschten Wirkung führt. Ich wähle zunächst ein Beispiel aus der persönlichen und mündlichen Kommunikation: »Schatz, wir sollten bei Gelegenheit mal etwas miteinander besprechen.« Die Gedanken, die dem Empfänger nun durch den Kopf gehen, können vielfältig sein: Das reicht von einer lapidaren Kenntnisnahme eines unspezifischen Gesprächswunsches über die Frage, was man wohl angestellt hat bis hin zu Sorgen und Ängsten, die die eigene Beziehung betreffen. »Was will sie wohl besprechen? Muss ich mir Sorgen machen?« Und so treibt unser Empfänger im dichten Kommunikationsnebel dahin und ringt sich – stark getrieben durch die aufgekommenen Ängste und Gefühle – dazu durch, am Abend für Klarheit zu sorgen: »Was ist denn eigentlich heute mit dir los? Du kommst mir total komisch vor!«, was beim Gegenüber natürlich gleichermaßen für Unverständnis sorgt. Das Ganze könnte im Konflikt enden (zu dieser besonderen Kommunikationsform kommen wir noch). Wie sich später herausstellte, wollte die Partnerin mit ihrem Partner besprechen, was wohl ein geeignetes Urlaubsziel für das aktuelle Jahr wäre. Nun ja, diesen Gedanken hatte der Empfänger zu keiner Zeit gefasst. Was hätte also geholfen? Klarheit, Offenheit und Gedankentransparenz: »Schatz, ich möchte heute Abend gern mit dir besprechen, wohin wir dieses Jahr in den Urlaub fahren könnten«. Je unklarer und unpräziser wir kommunizieren, desto größer die Gefahr, dass Missverständnisse entstehen.

In der schriftlichen Kommunikation sind die Gefahren noch größer, denn hier fehlt uns jegliche Form mimischer und gestischer Wahrnehmung genauso wie der Ton, der ja oft bekanntlich die Musik macht. Und da uns diese Dinge fehlen, fangen wir an, sie uns vorzustellen. Ein Beispiel: Eine Mitarbeiterin schreibt ihrem Vorgesetzten eine Mail mit der Frage, wann er in den kommenden Tagen einen Augenblick Zeit für ein kurzes Abstimmungsgespräch hat. Wenig später antwortet der Vorgesetzte: »Mittwoch.« Nicht mehr und nicht weniger. Die Mitarbeiterin liest die Antwort und es stellen sich Gedanken bei ihr ein: »Warum schreibt er nicht mal Hallo oder Guten Tag, so wie ich es auch getan habe? Ist er angefressen, weil er nur so kurz und knapp antwortet? Ist mir in den letzten Tagen ein Fehler unterlaufen? Was heißt Mittwoch, soll ich nun einen Termin einstellen oder einfach hingehen? Ist er vielleicht sauer auf mich oder möchte gar nicht mit mir sprechen?« – um nur einige der potenziell aufkommenden Fragen zu nennen. In derartigen Antworten fehlen nicht nur wichtige Sachinformationen, sondern eröffnen sie den Raum für Interpretation von Beziehungsbotschaften. Allein eine fehlende Begrüßung und das Ausbleiben jeglicher Form – geschweige denn Stil – kann dafür sorgen, dass auf der Beziehungsebene negative Eindrücke entstehen. Haben wir am Tag mehrfach schriftlichen Kontakt, muss nicht jede Mail mit einer Begrüßungsformel und besonderen Gefühlsausdrücken geschmückt sein – das würden wir in persönlichen Begegnungen auch nicht tun. Dennoch halte ich eine gewisse Form von Kommunikationsästhetik insbesondere im schriftlichen Kanal für angebracht, welche auf die Beziehungsebene der Interaktionspartner und das Entstehen von Resonanz einzahlt. Versuchen wir es mit einer kleinen Faustformel: Der Teil der Kommunikation, den unser Gegenüber nicht sehen oder nicht spüren kann, sollten wir in gewissen Teilen versuchen, zu verbalisieren. Bei schriftlicher Kommunikation sollte der Raum für Interpretation möglichst klein gehalten werden. Und dass man auf Nachrichten reagiert – und sei es mit einem »Ich melde mich zu einem späteren Zeitpunkt zurück« – gehört ohnehin zum guten Ton.

Wir müssen andererseits nicht immer sofort auf alles reagieren, was uns vor die Füße geworfen wird. Da können nämlich durchaus Dinge dabei sein, in die man nicht hineintreten möchte. Diese gilt es wahrzunehmen. Als Hundepapa weiß ich, dass man sehr schnell unangenehme Dinge am Schuh haben kann, wenn man nicht ausreichend wahrnimmt, wo man hinläuft. Eine aufmerksame Wahrnehmung ist hier genauso wichtig wie in der zwischenmenschlichen Interaktion. Denn droht der Tritt in etwas sehr Unangenehmes, lohnt der Schritt zurück oder zur Seite. Immer dann, wenn wir in der Kommunikation beispielsweise besonders stark aufkommende Emotionen spüren, kann es sinnvoll sein, die Interaktion für den Moment zu beenden. Selten führen emotionale Gespräche zu einem guten und konstruktiven Ergebnis. In dem späteren Kapitel 4 »Dissonanzen: Resonanzkompetenz für Kritik- und Konfliktsituationen« gehe ich darauf noch gezielter ein.

Wir finden in gute Resonanz zueinander, wenn wir unsere Kommunikation – insbesondere die sprachliche – in stimmiger Art und Weise sowie in Klarheit, Offenheit und in respektvollem Umgang miteinander so auf den Empfänger ausrichten, dass wir verstanden werden können. Dass die Antwort immer auch ausbleiben kann, habe ich bereits angesprochen. Wir können selbst nur unseren Teil dazu beitragen, kommunikativ mehr Verbindung und Beziehungsqualität im Miteinander zu schaffen.

Kurze Zusammenfassung dieses Kapitels

Mittels verbaler und nonverbaler Kommunikation bringen wir unsere Gedanken, Haltungen und Ansichten zum Ausdruck. Dabei sollte das Gegenüber die Chance erhalten, diese gut nachvollziehen zu können, um Missverständnissen vorzubeugen. Dafür sind Klarheit und Kommunikation auf Augenhöhe unabdingbar. Insbesondere in der schriftlichen Kommunikation ist eine gewisse Ästhetik und Gedankentransparenz angeraten, um Fehlinterpretationen zu vermeiden.

3.6 Resonanz bedeutet nicht Harmonie

Wenn du bis hierher gelesen hast, kannst du diese These sicherlich bereits nachvollziehen. Beim Entstehen von Resonanz geht es weniger darum, immer einer Meinung zu sein, es dem anderen permanent recht zu machen oder in trautem Einklang miteinander zu leben. Es geht vielmehr um ein zugewandtes Miteinander, welches von gegenseitiger Wahrnehmung, Zuhören und einem Aufeinandereingehen auf Augenhöhe geprägt ist. Auf dieser verbindenden Basis kann es also durchaus auch passieren, dass Disharmonie entsteht. Ich behaupte: Das muss es sogar. Wo alles immer nur reine Harmonie ist, wird die Stärke und die Frequenz der Schwingungen im Miteinander irgendwann abnehmen – vielleicht sogar ausklingen. Die bewegende Energie geht aus. Wie wird üblicherweise Energie erzeugt? Durch Reibung. Überall dort, wo sich Materien aneinander reiben, entsteht Energie.

Das trifft auf die zwischenmenschliche Interaktion genauso zu: Wo unterschiedliche Ansichten und Überzeugungen aufeinandertreffen, entsteht ebenfalls Energie. Die Kunst ist es, diese Kräfte zum Guten zu nutzen. Wenn die Basis im Miteinander auf Wertschätzung und Respekt beruht, ist die Chance hoch, Ergebnisse zu erzielen, die allein nicht möglich gewesen wären.

Schauen wir in die Welt der Musik: Wenn du dir nur Titel anhörst, die alle sehr harmonisch klingen, wirst du irgendwann das Gefühl haben, dass sie ihren Reiz verlieren. Daher arbeiten auch Komponisten mit einem wirkungsvollen Zusammenspiel aus musikalischen Kontroversen, Abwechslung und Dissonanzen. Insbesondere Dissonanzen lassen uns aufhorchen, sie erwecken unsere Aufmerksamkeit und unser Interesse immer wieder neu. Eintönigkeit und fortwährende Harmonie sind der Tod jedweder Beziehung. Wir können uns demnach gegenseitig zuhören, ohne uns innig zu lieben. Wir können andersartige Werte schätzen, ohne die Ansichten des anderen selbst gut zu finden. Wir können ein gemeinsames Interesse teilen, ohne die gleiche

Sichtweise zu haben. Wir können uns dauerhaft nur in Schwingung versetzen, wenn wir nicht das harmonische Echo des anderen sind.

Vielleicht hast du schon mal einen Moment erlebt, in dem eine derartige Energie entstanden ist. Nehmen wir ein Beispiel aus dem beruflichen Kontext: In einem Meeting treffen üblicherweise unterschiedliche Charaktere von Menschen mit verschiedenen Ansichten und Positionen aufeinander. Nun kann es passieren, dass aus der viel zu oft trägen Interaktion miteinander eine Art Diskussion entsteht, in der verschiedene Argumente nicht bloß ausgetauscht, sondern leidenschaftlich vertreten werden. Wo sich einzelne Teilnehmende unmittelbar angesprochen und gemeint fühlen. Wenn die Basis dafür nicht auf persönlichen Vorurteilen, Befindlichkeiten und Positionen beruht, sondern auf einem lebendigen Austausch von sachlichen Argumenten, entsteht die Chance auf großartige Ergebnisse. Es gibt sogar Methoden (insbesondere aus der VUKA-Welt), die besonders darauf ausgerichtet sind, Lösungen insbesondere bei widerstreitenden Interessen zu finden. Organisationsentwicklerin Carolin Wolf stellt beispielsweise in ihrem Buch »Gemeinsam denken: Die VUKA-Welt braucht mehrere Köpfe« hierzu einige Ansätze und Impulse vor. Kern dieser Methoden ist stets Resonanz im Sinne dieses Buches. Denn gelingt hier eine gegenseitige Verständigung in Form von Konsens oder Kompromissen, ist die Erfahrung und das Ergebnis weitaus bereichernder, als das Gefühl, von Beginn an auf seiner Position beruht und seine Ansichten kompromisslos vertreten zu haben. Hartmut Rosa beschreibt solche Momente als »ein anderes Glück als die Erfahrung, sich durchgesetzt, seine Interessen verteidigt oder Recht bekommen zu haben.« (Rosa 2016: 335) Da wir es nie in der Hand haben, ob und wie unser Gegenüber sich verhält und reagiert, ist es in solchen Momenten immens wichtig, ganz bei sich und respektvoll im Umgang zu bleiben. Wir können unsere Mitmenschen nicht lenken oder steuern, nur mit ihnen umgehen.

> **Kurze Zusammenfassung dieses Kapitels**
> Dissonanzen und Disharmonien setzen Energien frei, die zu wundervollen Selbsterfahrungen und besseren Ergebnissen im Miteinander führen. Wo alles immer nur harmonisch zugeht, werden die Schwingungen im Miteinander abnehmen und die Verbindung verloren gehen.

3.7 Eine besondere Form der Resonanz: Feedback

»Feedback« und »Feedbackkultur« sind Schlagworte, die heutzutage allerorts gefordert werden. Die meisten Menschen, nicht nur Führungskräfte, tun sich damit in der Regel schwer. Daher lohnt ein genauer Blick darauf, was Feedback eigentlich bedeutet, welches Ziel es verfolgt sowie warum Resonanzkompetenz hier besonders hilfreich und sogar notwendig ist. Verhaltensfeedbacks sind ein Interaktionsbereich, der Resonanz entweder in hohem Maße zerstört oder sie fördert. Daher sind eine gewisse Sensibilität sowie Vor- und Rücksicht unbedingt angeraten. Dabei ist gutes Feedback die beinahe perfekte Form von Resonanz: Es dient dazu, Menschen in Schwingungen zu versetzen, positiv zu bewegen und besser und unabhängiger zu machen. Damit das gelingt, möchte ich ein paar Stellschrauben und Feedbackfallen benennen.

Von jemand anderem eine Rückmeldung über sein eigenes Verhalten und Tun zu erhalten, kann mitunter ein Eindringen in die emotionale Intimzone des Gegenübers bedeuten. Daher halte ich es für immens wichtig, die Notwendigkeit, Zielsetzung und Form des Feedbacks gut zu durchdenken, anstatt (womöglich noch ungefragt) loszupoltern. Falls dein Gegenüber durch sein oder ihr Verhalten allerdings ungefragt in deine emotionale Intimzone eingetreten ist, kann ein Feedback angeraten oder sogar notwendig sein. Nicht auf gleiche Art und Weise, sondern trotzdem mit Achtung im Miteinander. Schmerzt es dir dafür zu sehr, kann eine zeitliche Trennung von Reiz und Reaktion sehr

»

Resonanz bedeutet nicht
Harmonie, sondern Verbindung.

«

sinnvoll sein, denn emotionsgetriebenes Feedback führt meist zu keinem guten Ergebnis. Feedback braucht Raum und Zeit, egal in welche Richtung.

Feedback muss nicht immer ein Ergebnis aus Kritik sein (darauf kommen wir später noch), sondern dient lediglich dem Austausch verschiedener Wahrnehmungen. Verhaltens-Feedbacks sollten immer persönlich erfolgen, denn unserem Gegenüber hilft ein ganzheitliches Wahrnehmen von Ton-, Bild- und Gefühlsspur. Rückmeldungen zu Verhalten des anderen, die beispielsweise schriftlich erfolgen, sind immer interpretationsfähig. Wir wissen nie so recht, wie es nun gemeint war – und fangen an, uns die Ton-, Bild- und Gefühlsspur auszumalen. Ein Feedback ist und bleibt eine Interaktionsform und ein Austausch gegenseitiger Wahrnehmungen – kein einseitiger Schlag. Und wir sollten auch kein Feedback geben, weil wir es aus unserer eigenen Bedürftigkeit heraus gern loswerden wollen. Es kann einen großen Unterschied bedeuten, Rückmeldungen loswerden oder sie dem anderen tatsächlich geben zu wollen. Die Frage danach, wem das Feedback tatsächlich dient und nützt, ist hier sehr zentral. Du erinnerst dich an Herrn Kopernikus.

Rückmeldungen und Feedbacks gibt man meist intuitiv. In vielen Fällen geht das auch gut, dennoch gibt es ein paar Regeln, die du beachten solltest. Gutes Feedback will gelernt sein. Wesentliche Ziele von erbetenen Feedbacks sind Motivation durch Lob und Anerkennung sowie die Weiterentwicklung und Wachstumsförderung unserer Mitmenschen. Weiterhin dient Feedback natürlich auch dazu, beispielsweise eine empfundene Verletzung zurückzuspiegeln oder Intentionen von Handlungen zu erfragen. Man könnte ein Feedback als eine Art Angebot zur Selbstüberprüfung für den anderen verstehen. Eine der größten Gefahren beim Geben von Feedback ist, ungebetene Ratschläge zu geben. Auch Ratschläge sind oft Schläge – insbesondere im ungebetenen Falle. Daher möchte ich dir auch an dieser Stelle die Resonanz-Frequenz mit ihren fünf Schritten als Orientierung für ein gutes Feedbackgespräch ans Herz legen.

»

›Feedback geben‹ und
›Feedback loswerden‹
kann einen großen
Unterschied bedeuten!

«

Gibst du Feedback, sollte dein Gegenüber zunächst spüren, dass du ihn oder sie aufmerksam wahrgenommen hast. Dass aufmerksame Wahrnehmung zwingende Voraussetzung dafür ist, überhaupt ein Feedback geben zu können, ist eigentlich klar, dennoch halte ich es für sehr wichtig, deinem Gegenüber diese Wahrnehmung auch spürbar zu machen (Schritt 1). Beim Geben von Feedback habe ich gute Erfahrungen damit gemacht, zunächst das Erleben des Gegenübers durch gute, interessierte und offene Fragen zu erfahren. Durch Zuhören (Schritt 2) und ein Erkennen (Schritt 3) des subjektiven Empfindens des Gegenübers bietet sich uns eine wundervolle Basis, in ein gegenseitiges Verständnis zu finden sowie Werte und Stärken erkennbar zu machen und zu schätzen (Schritt 4). Erst im fünften Schritt erfolgt die Antwortreaktion – das eigentliche Feedback. Es ist wichtig, zu verstehen, dass die Empfangsbereitschaft des anderen in den vier Schritten zuvor gelegt wird. Insbesondere für Wachstumsimpulse oder auch kritische Anmerkungen öffnen sich Menschen erst dann, wenn sie sich gesehen, verstanden und wertschätzend behandelt fühlen. Was wir also in den Schritten eins bis vier an Basis für ein möglichst Feedback nicht gelegt haben, brauchen wir im fünften Schritt nicht zu versuchen.

All das, was wir vom anderen wahrgenommen haben, können wir nun in der Art aufgreifen, dass wir unser Gegenüber damit bewegen können: Wahrnehmungen bestätigen, Vorgehensweisen bekräftigen, Stärken benennen, eigene Empfindungen und Beobachtungen schildern sowie natürlich Impulse dafür anbieten, sich weiterzuentwickeln. Das könnte dann beispielsweise so klingen: »Frau Meier, ich hatte die Chance, Sie bei einem Meeting mit Ihrem Team zu erleben. Wie vorab besprochen habe ich bewusst darauf geachtet, wie Sie als Führungskraft vor Ihrem Team agieren und was ich Ihnen gegebenenfalls Hilfreiches mitgeben kann (Wahrnehmung). Wie haben Sie die Situation erlebt? Was ist Ihnen aus Ihrer Sicht gut gelungen? Was würden Sie im Nachhinein vielleicht anders machen? (Zuhören). Wie war das Gefühl für Sie, ›unter Beobachtung‹ zu stehen? Ich hatte den Eindruck, Sie waren ein wenig aufgeregt – stimmt das? Ich hatte auch das Gefühl, Sie waren sehr leidenschaftlich bei der Sache (Erkennen). Bei mir war angekommen, dass Sie Wert auf eine verbindliche Vereinbarung mit Ihrem Team legen. War das eines Ihrer Ziele? Ihre große Stärke sehe ich in Ihrer Präsenz auf der Bühne und Ihrer strukturierten Vorgehensweise (Verstehen). Damit Sie künftig Ihre Mitarbeitenden noch besser erreichen können, würde ich Ihnen gern ein paar Impulse mit auf den Weg geben, die Sie für sich einmal durchdenken können. Nutzen Sie Ihre Bühnenpräsenz, um ... « (Bewegen). Die Stärken aufzugreifen, Werte zu schätzen und Wirksamkeit zu bescheinigen sind wesentliche Treiber dafür, dass sich Menschen auch Impulsen für Handlungsfelder öffnen. Dieses kleine Beispiel zeigt, wie sehr wir mit Resonanzkompetenz Menschen dafür gewinnen können, sich einem Feedback tatsächlich zu stellen und dieses als Chance begreifen können, sich weiterzuentwickeln.

Als gute Regeln für Feedback im Sinne der Resonanz empfehle ich dir:

- Menschen zu zeigen und spürbar zu machen, dass sie wahrgenommen wurden. Feedback sollte immer auf aufmerksamer Wahrnehmung beruhen.
- Die Perspektive und das Empfinden deines Gegenübers möglichst interessiert zu verstehen.
- Positive Eigenwahrnehmung zu fördern, sollte sie nicht oder zu wenig vorhanden sein. Eigenlob stimmt!
- Wenn du Führungskraft bist, trainiere bei entsprechender Notwendigkeit mit deinen Mitarbeitenden, sich selbst positives Feedback zu geben. Für Eltern mit ihren Kindern und Lehrkräfte mit ihren Schülerinnen und Schülern gilt im Übrigen das gleiche. Das steigert die Selbstwirksamkeitserwartung.
- Kompetenzen darstellen, Stärken benennen und Werte erkennen.
- Beobachtungen anstatt Bewertungen formulieren.
- Kommunikativ auf Augenhöhe bleiben: Feedbacks sind nie belehrend oder vorschreibend, sondern inspirierend und motivierend.
- Sich immer im Klaren darüber sein, dass Feedback immer auf der eigenen subjektiven Wahrnehmung beruht, nie auf der Wahrheit für beide Seiten.

So kann durch ein Feedback ein großartiger Klang (sonos) entstehen. Genau darum geht es auch beim Geben von Feedback: den Klang zu reflektieren und zu verbessern. Das Ziel ist, möglichst viel re-sonos, also Resonanz, zu erzielen. Den anderen zu bewegen und zum Schwingen zu bringen. Das gelingt durch aufmerksames Wahrnehmen, gegenseitiges Zuhören, wertschätzendes Verständnis und eine Rückmeldung, die den anderen besser macht. Gelingt uns das, kommt diese Schwingung positiv zu uns zurück.

Kurze Zusammenfassung dieses Kapitels
Feedbacks sollte man nicht ungebeten geben, sondern im entsprechenden Falle idealerweise vorher vereinbaren. Ein Feedback ist von einem Kritikgespräch zu unterscheiden, denn es bedeutet im Kern lediglich einen Austausch gegenseitiger Wahrnehmungen, welches das Gegenüber als eine Art Angebot zur Selbstüberprüfung verstehen kann. Ehrliche Feedbacks dienen dem Wachstum des anderen, nicht den Bedürfnissen des Feedbackgebers!

4.
Dissonanzen: Resonanzkompetenz für Kritik- und Konfliktsituationen

4.1 Kritik wert(e)voll geben

Kritik und Konflikte gehören zum Leben wie das Salz in die Suppe – sonst würde wohl alles sehr fad schmecken. Der Psychologe und Theologe Klaus Eidenschink beschreibt die Notwendigkeit von Konflikten als eine Art Dualität zwischen Stabilisierung und Destabilisierung. Eines der Kernmerkmale von Weiterentwicklung sei es, Dinge zu erschaffen, sie infrage zu stellen und möglicherweise gegen neue einzutauschen oder sie zumindest damit anzureichern. Die gesamte Evolution beruht darauf genauso wie jedes makro- und mikroökonomische Geschehen. »Dynamische Systeme brauchen [...] beide Fähigkeiten: Sie müssen für Bestätigung ebenso wie für Infragestellung empfänglich sein. Andernfalls würden sie entweder erstarren oder sich im Chaos auflösen. Völlige Spannungslosigkeit oder ständige Anspannung rauben jedem System seine Fähigkeit, sich zu regulieren. Wer mit allem einverstanden ist, erlahmt; wer alles bekämpft, reibt sich auf.« (Eidenschink 2020). Diese untrennbare Verbindung aus beidem macht es notwendig, eine Symbiose aus Harmonie und Dissonanz zu erschaffen. Da Menschen Harmonie von Grunde auf mögen, Dissonanz allerdings weniger, scheuen viele diese im Grunde so wertvolle Quelle der Entwicklung. Die meisten Menschen sind es nicht gewohnt, Dissonanzen auszuhalten oder gar auszutragen. Unsere persönliche Sozialisation und die Resonanzerfahrungen, die wir als Heranwachsende im Zusammenhang mit Kritik und Konflikten in unserem Umfeld erleben, bilden dabei eine zentrale Grundlage für unser persönliches Verhalten, wenn Dissonanzen entstehen. Wenn im elterlichen Zuhause Konflikte immer unter den Teppich gekehrt wurden und es keinen sachlichen Diskurs darüber gab, wenn Kritik angebracht wäre oder geübt wurde, ist die Wahrscheinlichkeit hoch, dass das eigene Konfliktverhalten in ähnlicher Weise ausgeprägt ist. Dabei muss Kritik nicht immer gleich Konflikt bedeuten. Man kann auch Kritik üben, ohne dass es deswegen zu Unstimmigkeiten oder gar Streitigkeiten kommt. Andersherum gibt es Konflikte, die nicht auf Kritik zurückzuführen sind.

Kritik führt meistens dann zu einem Konflikt, wenn sie vom Empfänger als persönlich verletzend oder angreifend empfunden wird. Meist ist hier eine Bewertung oder Abwertung von Verhaltensweisen oder Fähigkeiten im Spiel, aus der in der Weise ein Konflikt erwachsen kann, dass sich der Betreffende ungerecht behandelt fühlt. Auch das Gefühl, von oben herab behandelt zu werden, kann zu Konflikten führen – Stichwort: Kommunikation auf Augenhöhe. Wenn wir von Konflikten sprechen, kann man grob Inhaltskonflikte und soziale Konflikte unterscheiden. Erstere beziehen sich im Wesentlichen auf unterschiedliche Meinungen und Interessen in der Sache, auf die Verteilung von Ressourcen oder andere Entscheidungen inhaltlicher Art, zu denen man verschiedene Standpunkte haben kann. Soziale Konflikte beschreiben jedwede Art von Spannungen, die Personen, Gruppen oder Beziehungen betreffen. Nicht selten geht es hier um Fragen der Zugehörigkeit, Macht, Status oder der Anerkennung. Inhaltskonflikte können sehr schnell zu sozialen Konflikten werden, nämlich immer dann, wenn die sachliche Ebene nur sehr schwer zu erkennen ist und sich Menschen persönlich auf der Beziehungsebene angesprochen fühlen. »Was auf der Sachebene überhaupt möglich ist, entscheidet sich in erster Linie auf der Beziehungsebene«, wie Rhetorik- und Respektexperte René Borbonus es treffend formuliert (Borbonus 2011: 145). Daher gilt es, im Kritik- oder gar Konfliktfall ein paar Regeln zu beachten.

Menschen wollen gesehen, erkannt und verstanden werden. Ist das in der Interaktion nicht der Fall, fühlt sich das nicht gut an. Das ist sicher einer der Gründe, warum wir Kritik- und Konfliktgespräche meiden: Oft erleben oder erlebten wir Wirkungslosigkeit und keinerlei Aussicht auf positive Weiterentwicklung. Das Empfinden, nicht verstanden zu werden, löst nicht selten Konflikte aus. Daher ist es angeraten, beim Ausüben von Kritik darauf zu achten, dass sich das Gegenüber trotzdem verstanden fühlt und dieses auch spürt. Hier kann es sehr hilfreich sein, nahezu wörtlich zu wiederholen, was man verstanden hat. Das führt beim anderen meist zur Erkenntnis, dass der andere zumindest den eigenen Standpunkt nachvollziehen kann. Verstehen heißt nicht zustimmen, wie ich es etwas weiter oben schon dargestellt habe. Es geht um Resonanz in beide Richtungen. Und hierfür ist es sehr hilfreich, dem Gegenüber zu zeigen, dass man ihn wahrnimmt, seine Argumente nicht übersieht oder gar ignoriert. Wir alle wollen in unseren Werten und Emotionen ernst genommen werden. Ist das nicht der Fall, fühlen wir uns schnell abgewertet, missachtet oder verletzt. Auch reine verbale Spiegelungen können sehr hilfreich sein.

Doch wie wird – selten aus bösen Willen heraus – vorgegangen? Der oft praktizierte Ansatz ist, Empfindungen von anderen kleinzureden oder abzutun. Das Ergebnis ahnst du als aufmerksamer Leser schon: So ein Verhalten führt geradewegs dazu, dass jegliche Form der Resonanz zerstört wird. Ein Klassiker hierfür ist eine Aussage wie »Stell dich nicht so an«, welche Kinder, Eltern, Mitarbeitende oder Freunde immer einmal wieder zu hören bekommen. Oft ist ein solcher Satz gepaart mit einem Ratschlag, der zum Schlag mutiert. Ein zum Ausdruck gebrachtes Verständnis wäre sicher wesentlich zielführender: »Das fühlt sich für dich sicher unangenehm an, oder?«

Wenn wir an anderen Kritik üben wollen, kann ich nur empfehlen, sich darauf vorzubereiten. Andere Menschen zu kritisieren, ist keine leichte Aufgabe. Selten führt daher spontane Kritik zu einem guten Ergebnis. Generell gilt hier: Ich-Wahrnehmung ist immer besser als Du-Vorwürfe (Borbonus 2011: 159). »Ich hatte verstanden, wir wollen um 11:00 Uhr telefonieren« ist einem »Du rufst zu spät an« vorzuziehen. »Ich sehe das anders« klingt auch gleich ganz anders als »Du siehst das falsch«. Bei seiner eigenen Wahrnehmung zu bleiben und daraus eine Beobachtung zu formulieren, ist einer der zentralen Grundsätze für Kritikgespräche. Das Gegenüber bewertend oder abwertend anzugehen, wird geradewegs in einen Konflikt führen. Denn jeder Mensch ist bestrebt, seinen Selbstwert aufrechtzuhalten und wird als natürliche Reaktion immer versuchen, eine Abwertung der eigenen Person zu verhindern. Gut gemeinten Hinweisen von uns wird er sich dann verschließen.

Auch wenn es uns allen immer wieder schwerfällt, Kritik anzusprechen, ist es dennoch notwendig, da das emotionale Empfinden daraus sich ansonsten immer wieder und weiter aufbaut. Unausgesprochene Kritik und ungelöste Konflikte werden im Zeitablauf immer größer, wenn wir sie nicht aufgreifen und behandeln. Genau hierfür biete ich dir die sogenannte SAGES-Methode an, die in ihrer Bezeichnung nicht nur den Appell »Sag es« enthält, sondern deren Anfangsbuchstaben für die wesentlichen Schritte in einem Kritikgespräch stehen (Schmidt 2009: 159 f.):

S wie Sichtweise schildern

Hier geht es darum, seine Wahrnehmung und seine persönliche Perspektive zu schildern. Wie bereits angesprochen, sind Ich-Botschaften hier sehr zentral genauso wie Beobachtungen anstatt Bewertungen.

Mir ist aufgefallen ... | Ich habe wahrgenommen ... | Ich habe den Eindruck ...

A wie Auswirkungen beschreiben

Nun sollten die Auswirkungen für sich selbst und andere aus dem Verhalten des anderen beschrieben werden.

Das bedeutet für mich ... | Für unser Team heißt das ... | Das führt dazu ...

G wie Gefühle benennen

Die aus den Auswirkungen entstandenen Gefühle dürfen in ehrlicher und authentischer Weise für den anderen nachvollziehbar gemacht werden.

Ich fühle mich dadurch ... | Das macht mich sehr ... | Das hat mich sehr ...

E wie Erfragen, wie der andere die Situation sieht

Nun sollte das Gegenüber die Gelegenheit haben, seine oder ihre Sichtweise zu schildern. Ein Nachfragen kann sehr sinnvoll sein, um die Perspektive wirklich und ehrlich zu verstehen. Hier ist es sehr wichtig, sich zurückzunehmen.

Wie siehst du ...? | Auf welche Weise hast du es erlebt ...? | Welche Wahrnehmung hast du ...?

S wie Schlussfolgerungen ziehen

Zum Abschluss geht es darum, für die Zukunft einen Wunsch zu formulieren oder eine Vereinbarung darüber zu treffen, wie mit ähnlichen Situationen umgegangen werden soll.

Ich wünsche mir ... | Wie können wir künftig damit umgehen ...? |
Wie vermeiden wir ...?

Zusammenfassend könnte ein (reduzierter) Gesprächsablauf dann in etwa so klingen: »Ich habe wahrgenommen, dass du in den letzten Wochen oft später als üblich zur Arbeit erscheinst. Für unser Team bedeutet das, dass andere die Tätigkeiten, die morgens anfallen, spontan und ungeplant für dich übernehmen müssen. Ich bin etwas besorgt, was der Grund dafür sein könnte und gleichzeitig angespannt, weil ich das immer wieder auf das Neue vor dem Kollegium vertreten muss. Wie siehst du die Situation? [...] Ich wünsche mir, dass du künftig wieder pünktlich zur Arbeit erscheinst.« Wie alle Methoden kann auch SAGES uns nur eine Richtschnur dafür bieten, nicht orientierungslos und ungestüm in eine Konfrontation zu steuern.

Wichtig erscheint mir, zu jeder Zeit ganz bei sich zu bleiben und wenn ein emotionales Ausufern droht, das Gespräch zu unterbrechen. »Ich habe den Eindruck, wir kommen heute nicht weiter. Lass uns bitte einen neuen Termin vereinbaren«. Eine derartige Möglichkeit hast du zu jeder Zeit. Ganz oft kann eine Unterbrechung dafür sorgen, dass aus Kritikgesprächen nicht emotionale und zerstörerische Konflikte erwachsen, die man im Nachhinein nur sehr schwer wieder einfangen kann. Wenn du eine solche Entwicklung spürst, es zu emotional oder gar dramatisch zugeht, unterbrich das Gespräch und gebe dir und deinem Gegenüber die Chance, sich neu zu besinnen. Vielleicht mit einem guten Song auf den Ohren, der deine Emotionen ein- oder auffängt oder dir neue Denkperspektiven eröffnet. Musik kann hier wahre Wunder bewirken.

Kurze Zusammenfassung dieses Kapitels
Kritik und Konflikte gehören zum Leben dazu. Nicht selten führen sie zu Bewegung und Energie, die Beziehungen bereichern und gemeinsame Ergebnisse verbessern können. Kommen wir nicht umhin, andere Menschen zu kritisieren, sind Formulierungen aus der Ich-Wahrnehmung heraus immer besser, als dem anderen Vorwürfe zu machen. Auf drohende Konflikte gilt es, sich gut vorzubereiten, um ganz bei sich und in der Sache klar bleiben zu können.

4.2 Resonanz andersherum: Kritik würdevoll annehmen

Die andere Frage ist, wie ich mich idealerweise verhalte, wenn ich von anderen Kritik erfahre. Wie kann ich gute Resonanz herstellen und vermeiden, in die typischen uns innewohnenden Abwehrmechanismen zu verfallen? Wie kann ich durch mein Verhalten auf Kritik vielleicht sogar ein Vorbild für andere sein und so positiv mein Umfeld beeinflussen? Wie lasse ich mich selbst durch Kritik positiv bewegen?

Andere zu kritisieren, fällt uns meist leichter, als selbst kritisiert zu werden. Bei anderen (aus der eigenen Perspektive) Fehler zu sehen und diese anzusprechen, ist für viele Menschen angenehmer oder weniger unangenehm, als sich selbst eben solche einzugestehen. Um Kritik selbst überhaupt annehmen zu wollen und zu können, spielt die eigene Haltung und Lebenseinstellung eine zentrale Rolle. Ein egozentrisches Weltbild hilft hier genauso wenig wie der feste Glaube daran, die eigene Wirklichkeit sei die einzig richtige. Wir dürfen uns immer wieder darauf besinnen, dass bei einem auf den anderen gerichteten Zeigefinger bis zu drei Finger der Hand auf einen selbst zurück zeigen. Probiere das gern einmal aus. Daher sollten wir uns beim Kritisieren anderer Menschen immer auch fragen, welchen Anteil wir selbst daran haben, dass eine entsprechende Situation entstanden ist, wie sie entstanden ist. Meist gehören immer zwei dazu.

Erhalten wir von anderen Kritik, glauben wir allzu oft, wir seien dadurch als Mensch infrage gestellt. Mir selbst geht es immer einmal wieder so. Kommt nach einem Vortrag ein Zuschauer auf mich zu »Herr Flimm, Ihr Vortrag hat mir grundsätzlich gut gefallen, dennoch hat mich die Präsentationsform persönlich nicht angesprochen«, weiß ich zwar eigentlich, dass das lediglich eine individuelle und bewertungsfreie Wahrnehmung ist und dass wir bei allem, was wir tun, nie alle erreichen können – dennoch fasst es mich innerlich an. Und dabei ist in diesem Beispiel noch nicht einmal wirkliche Kritik, sondern lediglich ein recht neutrales Feedback gegeben worden. Kritik verletzt unsere Grundbedürfnisse nach Anerkennung, Zugehörigkeit und Leistung. Das ist bei jedem so (sicher in unterschiedlichem Umfang) und lässt sich auch nicht schönreden. Die Reaktion des Unterbewussten mit unangenehmen Gefühlen bis hin zu Schmerzen spüren wir meist recht schnell. Je persönlicher wir die Kritik wahrnehmen, um so heftiger die eigene emotionale Reaktion. Natürlich hat der Sender dabei eine große Verantwortung, indem er oder sie versucht, den richtigen Ton zu treffen. Doch damit sollten wir uns nicht rausreden. Auch bei richtigem Ton bleibt eine Kritik eine Kritik. Doch die

Verantwortung für unsere Gefühle, aufkommenden Emotionen und deren Folgen für unser Verhalten liegen stets bei uns selbst. Wir können entscheiden, wie wir mit dem Gefühl umgehen und ob und wie wir zu welchem Zeitpunkt darauf reagieren. Das kann anstrengend sein, aber diese Möglichkeit, Freiheit und Wahl haben wir immer.

Ebenfalls hilft es, für eine gute Resonanz die Perspektive zu wechseln: Wir selbst dürfen davon ausgehen, dass Kritik in den allermeisten Fällen lediglich darauf aus ist, Dinge auf sachlicher Basis infrage zu stellen, an Absprachen zu erinnern oder Verhalten im Miteinander besser zu gestalten. Nur äußerst selten soll sie uns als Mensch treffen. Ich glaube, neunzig Prozent der Kritik zielt auf eine sachliche Themenstellung ab, aber ebenfalls neunzig Prozent der Kritik wird als persönlich empfunden. Kritik ist im Kern darauf aus, ein unerwünschtes oder gar mangelhaftes Verhalten zu benennen und für die Zukunft Veränderungen herbeizuführen. Doch wie kann eine bessere Regulation der eigenen Gefühle und eine bessere Reaktion auf Kritik gelingen?

Wie bereits angesprochen, liegt die große Sprengkraft in Kritikgesprächen auf alledem, was auf der Beziehungsebene zwischen den beiden Interaktionspartner wahrgenommen, ausgetauscht und empfangen wird. Erhalten wir also von unserem Gegenüber Kritik, ist es ratsam, empfundene Beziehungsverletzungen auf sachlicher Ebene zu hinterfragen. Lasse dich daher von deinen Gefühlen nicht überrollen, sondern schaffe dir Bewusstsein und Raum für eine respektvolle und souveräne Reaktion. Besonders gut helfen hier wieder die fünf Schritte aus der Resonanz-Frequenz, um Kritik würdevoller anzunehmen:

1. **Wahrnehmen:** Nimm dein Gegenüber aufmerksam wahr, versuche, Blickkontakt zu halten und bleibe ganz bei dir.

2. **Zuhören:** Aufkommende Emotionen sorgen oft dafür, dass wir auf den Reiz sofort reagieren wollen, selten ist das gut. Höre interessiert zu, was dein Gegenüber zu sagen hat. Wenn es dir hilft, schaffe dir einen Bewusstseins-Anker dafür (Beispiel dazu kommt gleich).
3. **Erkennen:** Insbesondere bei Kritikgesprächen schwingen oft Dinge mit, die dem Gesagten Ausdruck und Intentionen verleihen. Höre hin, was da beim anderen schwingt.
4. **Verstehen:** Nun solltest du versuchen, die Kritik auf sachlicher Ebene gut verstehen zu können. Ein Hinterfragen hilft hier wundervoll: Was meinst du damit? Woran genau denkst du dabei? Worauf beziehst du dich?
5. **Bewegen:** Erst jetzt sind wir in der Antwortreaktion, in der du dich entweder für konstruktive Kritik bedanken oder alles andere auch erst mal für dich mitnehmen darfst. »Danke für deine Gedanken, ich werde darüber nachdenken.« Je größer dein emotionales Aufkommen und dein Bedürfnis nach Klarstellung oder Rechtfertigung, desto eher solltest du deiner Reaktion etwas Zeit schenken.

Es hilft, sich klarzumachen, dass unangenehme Gefühle bei Kritik normal und erwartbar sind. Indem du bewusst innehältst und deine Reaktion zum Beispiel in die genannten fünf Schritte gliederst, schaffst du dir Raum für eine bessere Reaktion, für eine bessere Resonanzwirkung.

Es gibt übrigens hierzu einen kleinen Trick, den ich gerne anwende, welcher von vielen Kommunikationsprofis empfohlen wird: haptische Anker. Kleine oder größere Gegenstände, die wir bei uns tragen und die uns helfen, die Emotionsregulation besser hinzubekommen. Ich hatte mir vor einem drohenden Konfliktgespräch tatsächlich einen kleinen Stein in die Hosentasche getan, der mich daran erinnern sollte, bei mir zu bleiben. Da ich vor dem Gespräch bereits ahnte, was über mich hereinbrechen sollte (genauso war es dann auch), hatte ich mich inhaltlich gut darauf vorbereitet und eben jenen Stein zur Hilfe eingesteckt, was wunderbar funktioniert hat. Mein Gegenüber war in diesem Gespräch sehr emotional geworden und durchaus auch verletzend mir gegenüber. Ich hörte mir alles an, hielt meinen Stein ganz fest und entgegnete irgendwann: »Wenn Sie sich dafür interessieren, was ich zu sagen habe, spreche ich gern mit Ihnen. Aber nicht in diesem Ton und dieser Art und Weise.« Er ließ sich dann zwar kurz darauf ein, legte dann aber wieder los. Ich wiederholte den Satz dann fast genauso wieder, dann kam es deutlich besser bei ihm an und wir führten im Folgenden ein Gespräch auf Augenhöhe.

Wir können unser Gegenüber nicht ändern, schon gar nicht dessen Respektlosigkeiten. Wir können nur selbst versuchen, Augenhöhe herzustellen. Wir können versuchen, einen Resonanzmodus zu finden – zu unserem Gegenüber und zu unserer eigenen innersten Gefühlswelt. Das wird nicht immer klappen, aber sehr oft, wenn wir versuchen, Kritik nicht als persönlich gerichtet zu empfinden. Kritik ist in seltensten Fällen auf eine persönliche Verletzung aus, sondern lediglich ein Ergebnis nicht eingehaltener Absprachen oder Vereinbarungen sowie auch Ausdruck eines anderen Wertesettings, anderer Überzeugungen und einer anderen Haltung zu bestimmten Themen.

Kurze Zusammenfassung dieses Kapitels

Damit wir Kritik würdevoller annehmen können, hilft uns ein Grundvertrauen darauf, dass sie nur sehr selten darauf ausgerichtet ist, uns als Mensch oder Person infrage zu stellen. Empfinden wir eine Verletzung auf der Beziehungsebene, sollten wir zunächst versuchen, sie sachlich zu verstehen und zu hinterfragen. Eine zeitliche Trennung von Reiz und Reaktion ist meist sehr sinnvoll – ob beim Geben oder Empfangen von Kritik.

4.3 Dissonanzen aushalten lernen

Wie bereits angesprochen, gehören Dissonanzen zum Leben genauso wie Harmonien – so wie auch in der Musik. Ein wesentlicher Schritt für eine bessere Resonanzkompetenz ist daher die Bereitschaft, Dissonanzen auch einmal auszuhalten. Ein ab und an reinigendes Gewitter ist nicht nur gut geeignet, unangenehme Schwüle im Sommer zu vertreiben. Reibung, Konflikte und Dissonanzen können auch Team- und Projektergebnisse verbessern. Resonanz fordert keine immer andauernde Harmonie, sondern ein Einschwingen aufeinander, welches auf Interaktion auf Augenhöhe und einem respektvollen Umgang miteinander beruht. Jedem Konflikt, jeder Kritik wohnt auch eine positive Energie bei. Diesen Umstand zu erkennen, ist mein zentrales Anliegen. Oft macht hier sprichwörtlich der Ton die Musik. Die angesprochenen Regeln und Orientierungshilfen sollen beiderseits dafür sorgen, dass eben auch Kritik als eine Form der Resonanz erkannt werden darf. Unangenehme Gefühle müssen nicht zwingend in einem schmerzhaften Konflikt enden.

Das positive an Konflikten ist: Sie schaffen es, Menschen zu berühren und zu bewegen – sehr oft sogar. Demnach bringen sie im Grunde wundervolle Resonanzmöglichkeiten hervor. Sie können bisweilen auch sehr reinigend für eine Beziehung sein. Da Menschen grundsätzlich nach Eintracht streben – ich selbst ebenfalls –, werden Dissonanzen aber meistens gemieden. Je emotional bedeutsamer eine Person für uns ist oder je mehr wir zu jemandem aufschauen, desto schwieriger wird es, von dem- oder derjenigen Kritik zu bekommen, geschweige denn ihr solche zu geben. Denn der emotionale Anteil in Kritikgesprächen oder Konflikten, wenn uns jemand wirklich etwas bedeutet, ist enorm höher als bei Menschen, zu denen wir im Grunde keinerlei Verbindung haben. Hier fällt es uns oft leichter, aus unserem Herzen keine Mördergrube zu machen – was natürlich auch für mehr Verletzungsgefahr sorgt. Empfinden wir in dissonanten Interaktionen eben solche Verletzungen, macht eine Unterbrechung durchaus Sinn. Es kann auch helfen, gedanklich mal bis fünf zu zählen, bevor man reagiert. Wird es zu schlimm, sollte lieber vertagt werden, bevor man Dinge sagt, die so nicht gemeint waren oder der andere Dinge meint, die er lieber so nicht gesagt hätte.

Resonanzkompetenz bedeutet hier ebenfalls, dass wir unsere Haltung zu Kritik und Konflikten überdenken. Die Kunst besteht darin, für sich selbst und in seinem Umfeld eine positive Konfliktkultur zu entwickeln. Die Lösung liegt nicht in der Konfliktvermeidung, sondern in einem, den Menschen und seine Gefühle akzeptierenden Umgang.

Der eigenen Gefühlsregulation kommt hierbei eine Schlüsselrolle zu. Du bestimmst, was du wie nah an dich heranlässt und worauf du wie reagieren willst. Probiere dich aus, du wirst in manchen Fällen auch einmal daneben liegen oder im Nachhinein Ideen und Gedanken haben, welche dich in der jeweiligen Situation weitergebracht hätten. Je besser du dich selbst reflektieren kannst, je besser du auch körperlich, mental und emotional für dich sorgst, desto gelassener und souveräner kannst du mit Dissonanzen umgehen – ob du sie sendest oder empfängst. Angst und Stress reduzieren nicht nur unsere Empathiefähigkeit, sondern mindern auch unsere Resistenz gegenüber Angriffen von außen. Wem es physisch und psychisch im Grunde gut geht, der wird nicht jeder Meinungsverschiedenheit emotional sofort zum Opfer fallen.

Sich seine eigenen Resonanztankstellen zu suchen, Dinge zu tun, die einen in positive Schwingungen versetzen – seien es besondere Begegnungen, Orte, Lieblingsrestaurants, Konzerte, Theater oder das Entspannen zu Hause mit der Lieblingsmusik auf den Ohren – steigern unser Wohlbefinden und somit auch die Fähigkeit, Dissonanzen aushalten zu können.

Weiterhin kann es helfen, sich immer wieder bewusst zu machen, dass Resonanz sich nicht erzwingen lässt. Wir können nur gute Bedingungen dafür schaffen, dass sie auch im Konfliktfall entstehen kann, ohne das Gefühl zu haben, den anderen lenken zu können. Das, was wir vom anderen erwarten, dürfen wir selbst einbringen und darauf vertrauen, dass er oder sie sich darauf einschwingen kann.

Kurze Zusammenfassung dieses Kapitels

Dissonanzen gehören für uns alle dazu, denn sie führen oft zu mehr Lebendigkeit, Energie und guten Ergebnissen – wenn wir sachlich, respektvoll und wertschätzend miteinander umgehen. Wer physisch und emotional gut für sich sorgt, der steigert neben seinem Wohlbefinden auch die Fähigkeit, Konflikte besser aushalten zu können. Finde für dich immer wieder einen Weg, was du wie nah an dich heranlassen möchtest.

5.

Resonanz auf Distanz

5.1 So fern und doch so nah

Den Satz aus der Überschrift kennst du sicher andersherum: So nah und doch so fern. So liest sich der Satz sicher etwas vertrauter für dich. Gelegentlich kommt er uns in Gedanken oder sogar über die Lippen, wenn wir über Menschen oder Orte nachdenken. Das ist dann oft der Fall, wenn uns Dinge greifbar nah erscheinen, sie es aber – aus oft verschiedenen Gründen – nicht sind. Es kann aber umgekehrt genauso der Fall sein: Es gibt Menschen, denen sind wir physisch fern, fühlen uns ihnen aber dennoch innerlich sehr nah. Andere wiederum umgeben uns ständig, doch haben wir trotz regelmäßiger persönlicher Kontakte keine Verbindung zu ihnen. Warum ist das so? Weil menschliche Nähe nichts mit der physischen Entfernung zu tun hat.

Wir kennen das beispielsweise aus unserem Privatleben: Sicher hast du gute Freunde oder Bekannte, die du nur sehr selten persönlich zu Gesicht bekommst – die dir aber trotzdem sehr nah sind. Dieses Gefühl von Verbundenheit, unabhängig davon, wie oft man sich trifft. Eben Qualität statt Quantität. Hier hat die Pandemie auf schmerzhafte Weise aufgezeigt, dass Nähe und vor Ort nicht immer das gleiche sein können und auch nicht müssen. Fakt ist: Man kann anderen Menschen auch auf Distanz sehr nah sein – nämlich persönlich nah. Das mache ich daran fest, beispielsweise zu wissen:

- Was den anderen gerade beschäftigt oder bewegt,
- wie es ihm oder ihr gerade geht,
- wo aktuelle Herausforderungen liegen,
- was er oder sie sich für die Zukunft vornimmt,
- wie es vielleicht möglich ist, ihn oder sie dabei zu unterstützen.

Geht es auch im Business-Kontext in Führung und Verkauf im Wesentlichen nicht genau um diese Punkte? Und woher kommt die Annahme, dass man sich dafür immer persönlich sehen muss? Ich bin als leidenschaftlicher

Vortragsredner und Trainer beinahe süchtig nach der Magie, die in einem Raum entsteht, wenn Redner und Publikum in Resonanz treten – wenn sich Verbindung und ein Knistern im Raum einstellen. Damit bin ich sicher kein Verfechter rein digitaler Beziehungen. Ein guter und wirkungsvoller Beziehungsaufbau erfordert insbesondere zu Beginn persönliche Begegnungen – das ist meine Beobachtung. Doch wenn man eine resonante Beziehungsebene zum Gegenüber aufgebaut hat, ist es wundervoll möglich, die zuvor genannten Punkte auch über Fernkommunikationsmedien zu erreichen. Eben nah sein, anstatt vor Ort. Idealerweise ist das das gleiche, muss es aber nicht. Physische und digitale Verbindung kann in Ergänzung und im Duett miteinander ein wundervolles Beziehungserleben schaffen.

Ich glaube, im post-pandemischen Zeitalter dürfen wir insbesondere im Organisationskontext Nähe neu definieren und ermöglichen. Und das müssen wir sogar. Du erinnerst dich an das Beispiel der Mitarbeiterin, die zwar von zu Hause aus arbeiten konnte, sich aber von ihrer Führungskraft und der Organisation an sich (dadurch) zu wenig gesehen und wahrgenommen fühlte. Im digitalen Kanal beziehungsweise in der nicht-physischen Kommunikation sollten wir Wahrnehmung, Zuhören, Erkennen, Verstehen und Bewegen – also die einzelnen Schritte der Resonanz-Frequenz – neu denken.

Allein der Blickkontakt in einem Videocall stellt viele Menschen vor Herausforderungen, weil das Gesicht des anderen meist nicht direkt unter der eigenen Kameralinse, sondern auf dem zweiten Bildschirm vierzig Zentimeter weiter links zu sehen ist. Solche vermeintlichen Kleinigkeiten sind es, die das Gefühl von Wahrnehmung und Aufmerksamkeit beim anderen mindern oder gar zerstören können. Auch das Telefonat, in dem einer von beiden ständig unterbricht oder offensichtlich noch andere Dinge nebenbei erledigt. Wie würden wir das in der persönlichen Begegnung machen? Sicher nicht einer Besprechung lauschen, parallel auf dem Smartphone swipen und nebenbei noch Nudeln kochen. Kann man alles machen, dann darf man eben nur keine

Resonanz erwarten. Resonanz erfordert Präsenz und Aufmerksamkeit – unabhängig vom gewähltem Kommunikationskanal.

Wir können sehr gut auch auf digitalem Wege in gegenseitige Resonanz finden – wenn wir gewisse Schritte neu für uns finden und anders erlebbar machen. Die digitale Zusammenarbeit ist zu einer neuen Normalität geworden und wird sich weiter verstetigen. Es liegt an jedem Einzelnen, sie passend für die eigenen Wirkungsfelder, Arbeitsaufgaben und zwischenmenschlichen Verbindungen zu nutzen. Immer wieder höre ich, dass ein digitaler Kanal Präsenz nicht ersetzen kann und dass es im persönlichen Kontakt doch viel schöner sei. Absolut! Niemand hat jemals das Gegenteil behauptet. Eine persönliche Begegnung ist nicht zu ersetzen, dennoch hilft uns eine virtuelle Verbindung, um sowohl Beziehungsqualitäten zu verbessern als auch Effizienzvorteile zu erlangen, beispielsweise durch ersparte Fahrtwege oder anderweitige vermiedene Rüstzeiten. Man sollte sich eben nur im Klaren darüber sein, dass im digitalen Kanal andere und zusätzliche Resonanzgesetze herrschen. Man kann eben nicht ein für Präsenz konzipiertes Wissensvermittlungsformat eins-zu-eins vor der Kamera abhalten und dann glauben, die Menschen folgen dem genauso und der Output wird auch ähnlich hoch sein – bei einer reinen Informationsweitergabe schaut das schon anders aus. Die gesamte Methodik und Didaktik sowie alle Facetten der Resonanz-Frequenz dürfen hier neu durchdacht und anders erlebbar gemacht werden. Dann kann beispielsweise Wissensvermittlung auch digital wundervoll funktionieren. Formate rein inhaltlicher Abstimmung ohnehin. Hierzu möchte ich dir ein paar Impulse geben, die auch im digitalen Kanal dafür sorgen können, dass sich Resonanz einstellt. Da das ein oder andere davon recht ungewohnt erscheinen mag beziehungsweise von unserem natürlichen Verhalten in der persönlichen Begegnung abweicht, ist es unbedingt angeraten, Derartiges zu trainieren.

Wahrnehmen:

- Möglichst viel Blickkontakt in die Kameralinse, unabhängig davon, wo das Bild deines Gegenübers auf dem Bildschirm zu sehen ist.
- Ein eigener Bildausschnitt, der eine aufrechte und präsente Körperhaltung zum Ausdruck bringt. Eine Handbreit Abstand zwischen Kopfende und oberem Bildschirmrand wäre ideal.
- Auch ein Lächeln in die Kamera schadet nie. Ein Merkzettel an deinem Bildschirm kann dich immer wieder daran erinnern.

Zuhören:

- Unabhängig vom Kommunikationskanal gilt es, Interesse zu zeigen und gute Fragen zu stellen.
- Um aus dem Frage- nicht in den Redemodus zu verfallen und auch generell nicht zu viel oder zu schnell zu sprechen, hilft wieder ein Merkzettel mit einem Punkt darauf als Erinnerung.
- Du kannst dir auch eine Notiz an den Bildschirm oder neben dein Telefon legen, auf der Zuhören steht – es wird dir helfen.

Erkennen:

- Schau immer wieder auf das Kamerabild deines Gegenübers (welches er oder sie hoffentlich eingeschaltet hat), um körpersprachliche oder mimische Signale zu erkennen. Hast du nur ein Telefon, achte bewusst auf Stimme und Stimmlage deines Interaktionspartners.
- Wenn du mit einem Persönlichkeitsstereotype-Modell arbeitest, lege dir kurze Notizen dazu vor deinen Bildschirm oder dein Telefon. Insbesondere im Hinblick darauf, was welcher Typ von dir braucht, um in Resonanz treten zu können.
- Anhand deiner Fragen und des Zuhörens wirst du erkennen, wer wie klingt und schwingt und welche emotionalen Bedürfnisse mitbringt.

Verstehen:

- Insbesondere in der Fernkommunikation kommt diesem Schritt eine zentrale Bedeutung zu: Rückfragen, was bei dir angekommen ist.
- Wiederhole das von dir Empfangene. Schaffe verbale Spiegelungen. Frage nach, wenn dir noch etwas unklar erscheint.
- Bleibe in der Beobachtung, anstatt zu schnell und zu voreilig oder gar bewertend zu reagieren.

Bewegen:

- Zeige dich möglichst authentisch und in Eigenschwingung vor der Kamera. Das Gegenüber darf dich als Mensch spüren.
- Antworte reagierend auf das, was du von deinem Gegenüber verstanden hast: am Telefon rein verbal, im Videocall zusätzlich in Mimik und Gestik sowie möglicherweise mit visueller Unterstützung mittels Screensharing.
- Emotionale Ansteckung ist im digitalen Kanal zwar möglich, aber unter erschwerten Bedingungen. Bedenke, dass du hierfür mehr Energie einsetzen musst, als in der persönlichen Begegnung.

Kurze Zusammenfassung dieses Kapitels

Wir können Menschen nah sein, ohne ihnen persönlich zu begegnen. Beziehungsqualität ist keine Frage des Mediums, sondern der Art und Güte der zwischenmenschlichen Verbindung. Digitale Kanäle schaffen eine wundervolle Ergänzung in der zwischenmenschlichen Interaktion, wenn wir gewisse Schritte neu denken. Hierzu gehört eine für den anderen spürbare Wahrnehmung genauso wie zuhören, verstehen und bewegen.

5.2 Resonanz auf Distanz: Kontextfaktor ist alles

Wenn wir es mit anderen persönlich, live und in Farbe zu tun haben, erspüren wir Schwingungen auf allen Kanälen. Wir haben die Chance, durch ganzheitliche und aufmerksame Wahrnehmung nicht nur die verbale und nonverbale Kommunikation aufzunehmen, sondern auch ein Bild über den Charakter, die Wesenszüge und Überzeugungen unseres Gegenübers zu gewinnen. Die Verbindung aus Stimme, Stimmung, Mimik und Gestik gibt uns Auskunft darüber, wie der andere klingt und schwingt. Nun ist es so, dass uns in der Fernkommunikation und in der digitalen Interaktion gewisse Teile dieser Wahrnehmung schlichtweg fehlen. Bei einem Telefonat hören wir nur Stimme und Tonfall, im Videocall sehen wir den anderen zwar, müssen aber Abstriche bei gestischem und gefühlsmäßigem Erleben machen. Ganz schlimm wird es in der reinen Textkommunikation: Hier lesen wir lediglich, was unser Interaktionspartner uns mitteilen möchte. Weder der Blick in die Augen, noch der Tonfall, Mimik oder Gestik geben uns einen Eindruck darüber, ob und wie das Geschriebene dem Gesagten oder dem Gemeinten entspricht. Auch die Situation, in der sich der andere gerade befindet, bleibt uns in diesem Fall verborgen. Mit anderen Worten: Wir haben nur einen Text, aber überhaupt keinen Kontext. Was passiert also? Gibt es beispielsweise in der Chatkommunikation keinen Kontext? Benötigen wir ihn nicht? Das Gegenteil ist der Fall. Da der Kontext nicht sichtbar ist, versuchen wir, ihn uns vorzustellen oder treffen Annahmen darüber. Kennst du das, wenn du von jemandem auf eine gestellte Frage, die sogar mit Anrede und lieben Grüßen versehen war, nur ein Daumen-hoch-Emoji als Antwort zurückbekommst? Je nach Art und Güte der Fragestellung kann das so in Ordnung sein und keinerlei Irritationen aufwerfen, aber wir alle wissen, dass es auch Situationen gibt, in denen uns aus Derartigem Fragen entstehen: Was bedeutet das nun, hilft er mir oder nicht? Oder heißt der Daumen, dass er sich später zurückmeldet? Bei so einer kurzen und knappen Antwort ist er doch sicher unerfreut über meine Frage? Vielleicht sogar genervt?

Einen derartigen Gedankenkreisel aufgrund unzureichender Textkommunikation habe ich im Kapitel 3.5 »Wohlklingend kommunizieren« bereits dargestellt. Ein anderes Beispiel für ungewollte Irritationen per Textnachricht sind Ausrufezeichen. Grundsätzlich werden diese immer dann eingesetzt, wenn einer Sache nochmal besonderer Nachdruck verliehen, Wünsche dargestellt oder Aufforderungen transportiert werden sollen. Ist also keines dieser drei Dinge die Intention, hat ein Ausrufezeichen in einer Mail- oder Kurznachricht nichts zu suchen. Wir alle kennen das, wenn wir lediglich ein simples »Ja!« als Antwort auf eine Frage per Kurznachricht oder Mail erhalten. Das sieht nicht nur etwas schroff aus, sondern es wirkt durch das Ausrufezeichen vorstellungsgemäß beispielsweise mit folgendem Subtext: »Jetzt geh mir nicht auf die Nerven, ich bringe den Wocheneinkauf nach der Arbeit mit, obwohl ich eigentlich keine Lust habe, einzukaufen.«

Da uns der Kontext fehlt, stellen wir ihn uns vor. Ich wiederhole diesen Satz noch einmal, weil er so bedeutsam ist: Da uns der Kontext fehlt, stellen wir ihn uns vor. Das macht unser Hirn in weiten Teilen unbewusst, denn unser Denkorgan ist permanent bemüht, Kongruenz herzustellen. Was sind die Folgen? Aus bloßen Satzzeichen oder Emojis ziehen wir Rückschlüsse auf die Stimmung, Haltung oder Charakterzüge unseres Kommunikationspartners. Fehlende Anreden, Zusammenhänge, Gedankengänge oder nicht erwiderte Grüße lassen E-Mails und sonstige Textformate damit zu einem Minenfeld der Misskommunikation erwachsen – Konfliktpotenzial garantiert.

In den digitalen Kanälen gilt mehr denn je: Ein häufiges Ergebnis von Kommunikation ist mit hoher Wahrscheinlichkeit das Missverständnis. Es kommt viel öfter zu Fehldeutungen, empfundenen Gefühls- und Persönlichkeitsverletzungen und enttäuschten Erwartungen. Resonanz lebt – das haben wir gelernt –, zu weiten Teilen von der Wahrnehmung des Gegenübers. Resonanz auf Distanz ist somit immer eine Herkulesaufgabe. Aus der Art und Weise, wie wir uns per Textnachricht, Social-Media-Posting oder E-Mail ausdrücken und kommunizieren, zieht unser Gegenüber immer Rückschlüsse auf unsere Persönlichkeit, Überzeugungen und Werte. Das trifft im Business genauso zu wie in privaten Beziehungen. Dabei gilt der Grundsatz: Je stabiler die zwischenmenschliche Verbindung besteht, je besser man sich einander kennt, je wertschätzender und liebevoller wir mit Andersartigkeiten unseres Gegenübers umgehen können, desto mehr Ausrufezeichen, nichtssagende Emojis oder kommunikative Unzulänglichkeiten verträgt die Interaktion. Wir haben in einem grundsätzlich resonanten Miteinander nämlich eine gute Vorstellung darüber, wie Dinge gemeint sein könnten. Im Zweifel hilft es aber, lieber etwas klarer und mehr zu kommunizieren, als falsche Voraussetzungen oder bestimmte Erwartungen zu haben. Wir sollten uns insbesondere in der Fernkommunikation, ob per Telefon, Mail oder ganz klassisch per Brief, immer klar darüber sein, dass unser Gegenüber die im persönlichen Kontakt ansonsten vorhandenen Wahrnehmungskanäle beginnt, sich auszumalen und zu konstruieren.

Wie können wir den digitalen Kommunikationsfallen entgehen? Wir kommen wir digital miteinander klar? Es gibt keine einfache und keine einsilbige Antwort. In jedem Fall gilt, seine Gedankengänge in klarer und möglichst transparenter Art und Weise zum Ausdruck zu bringen – essenziell im digitalen Miteinander. Hier geht es nicht um lange Erklärungen, sondern um eine empathische Vorstellung darüber, welche Informationen dem anderen aus dessen Perspektive wohl helfen würden, die Kommunikation so zu begreifen, wie vom Sender gewünscht. Fehlt hierfür manchmal die Zeit, ist ein »Ich melde mich morgen bei dir zurück« immer besser als ein »Nein!« oder gar keine Antwort.

Auch das ist leider eine Unart, die aus der Informations- und Arbeitsflut, die auf viele Menschen einströmt, sehr schnell entstehen kann: keine Antwort. Erinnern wir uns an die ersten Kapitel dieses Buches, was Menschen empfinden, wenn sie das Gefühl haben, nicht wahrgenommen zu werden. Eine ausbleibende Antwort auf ein Kommunikationsersuchen kann genau zu einem derartigen Empfinden führen. Ab dem Moment, wenn ich jemandem eine E-Mail schreibe, warte ich im Prinzip auf eine Rückmeldung. Man wartet darauf, wahrgenommen zu werden und hat keine Chance, selbst wahrzunehmen, ob der andere einem »zuhört«. Auch hier hilft ein eigenes empathisches und tolerantes Verhalten, wenn die Antwort nicht so schnell wie gewünscht eintrifft. Was zudem ebenfalls helfen würde, damit sich kein Gefühl des Nicht-wahrgenommen-Werdens beim anderen einstellt, ist eine kurze Rückantwort: »Danke für Ihre Nachricht, ich melde mich morgen Nachmittag zurück.« Oder wann auch immer. Wem es hilft, der kann derartige Kurzantworten sogar vorformulieren und nur noch einfügen und absenden, dann werden aus zehn Sekunden Aufwand vielleicht nur vier Sekunden. Auch wenn wir glauben, wir müssten immer sofort und schnell auf alles reagieren – das müssen wir nicht. Die Lösung dafür ist aber nicht eine ausbleibende Antwort, sondern Transparenz und Verbindlichkeit. Das Warten des anderen kann durch eine kurze Information, dass die Nachricht gesehen wurde und Antwort zu einem späteren Zeitpunkt erfolgt, sehr leicht durchbrochen werden. Niemand erwartet sofortige Reaktionen, aber jeder darf darauf hoffen, zumindest wahrgenommen und gesehen zu werden – Mitarbeitende, KundInnen, Freunde, PartnerInnen oder Kinder. Ob wir das jeweils schaffen, können wir nicht garantieren, aber wir sollten unseren Teil dazu beitragen, dass auch in der Fernkommunikation gute Bedingungen für gegenseitige Resonanz hergestellt werden können, wenn wir sie uns wünschen.

Es ist mittlerweile erwiesen, dass sich auch in Videocalls, wo wir zwar viel vom anderen sehen und hören können, echte Resonanz nur schwer einstellen kann beziehungsweise dies mehr Energie erfordert. Die im Kapitel 1.4 »Resonanz aus psychologischer Sicht« dargestellten Spiegelungs- und Synchronisationsversuche unseres neuronalen und elektrophysiologischen Systems funktionieren hier bei Weitem nicht so gut und effizient, wie in einem persönlichen Gespräch in Präsenz. Es erfordert deutlich mehr Energie und lässt die Erfolgsaussichten darauf sinken. Der Neurowissenschaftler und Hirnforscher

Dr. Volker Busch hat dieses Phänomen mit einer Studie aus dem Jahr 2022 von Ruth Feldmann/Reichman University in Israel unterlegt. Wie helfen uns diese Erkenntnisse? Uns sollte bewusst sein, dass eine digitale Interaktion aufgrund fehlender Kontexte eben nicht automatisch ein persönliches Gespräch im digitalen Raum ist. Die Möglichkeiten einer subtilen Wahrnehmung und des Den-anderen-Erspürens fallen im persönlichen Gespräch deutlich höher aus. Nichtsdestotrotz bieten uns digitale Videoverbindungen wundervolle Chancen des schnellen, effizienten und zeitgemäßen Informationsaustausches und der zwischenmenschlichen Verbindung, die über die Medien Mail, Telefon und Kurznachricht sehr deutlich hinausgehen – nutzen wir sie.

Kurze Zusammenfassung dieses Kapitels

Da uns in der Fernkommunikation die Möglichkeit einer ganzheitlichen Wahrnehmung unseres Gegenübers fehlt, ist es immens wichtig, möglichst klar und transparent zu kommunizieren. Eine Vorstellung darüber, wie die Nachricht beim anderen ankommen könnte, hilft uns auf dem Weg hin zu einer wohlklingenden Kommunikation am Telefon, per E-Mail oder per Brief. Videocalls schaffen hier zwar gute Resonanzmöglichkeiten, doch ersetzen sie nicht den Energiefluss zwischen zwei Herzen und Hirnen, die sich gegenüber stehen.

Epilog:
Resonanz als Lebensphilosophie

Ein fundamentales Thema zu finden, was einem im Leben wirklich bewegt, ist ein wundervolles Geschenk. So ergeht es mir mit zwischenmenschlicher Resonanz. Sie bedeutet für mich nicht nur mein Herzensthema, sondern auch eine Lebenseinstellung und -philosophie. Ich glaube fest daran, dass in ihr für uns alle eine zentrale Quelle – wenn nicht sogar die zentrale Quelle – für mehr Lebensenergie, Zufriedenheit und Glück besteht. Die Beschäftigung mit Resonanz und deren Erleben zeigen mir auf, dass sich derartige Dinge nicht unbedingt in Reichtum, Status oder auf der materiellen Ebene widerspiegeln. Die Qualität dessen, wie wir als Menschen andere bewegen, uns selbst bewegen und bewegt werden, bedeutet aus meiner Perspektive einen der zentralen Glücks- und Erfolgsfaktoren. Der Wunsch nach Selbstwirksamkeit und unser angeborenes biologisches Bedürfnis nach sozialer Resonanz versetzen uns und unsere Mitmenschen wirksam positiv und nachhaltig in Schwingungen und schenken uns Energie. Dieses Spüren an Wirkung ist ein Wert an sich, der Resonanz zu etwas anderem macht als beispielsweise einem bloßen Mittel zur Erreichung beruflicher Ziele.

Ich bin dankbar, dass ich meinen Weg hin zu einem Lebensentwurf voller guter Resonanzmöglichkeiten gefunden habe und wünsche mir, dass ich mit diesem Buch auch für dich als Leserin oder Leser Wege dorthin aufgezeigt habe. Mein bewusstes Streben nach Resonanz im Alltag hilft mir, meine Sprache sensibler einzusetzen, Achtsamkeit nach innen und Empathie nach außen zu empfinden, Selbstbewusstsein und -wirksamkeit zu spüren und in der Folge ein zufriedenes und erfülltes Leben zu führen. Über Resonanz erfahre ich mich als sinnvoll wirkender Mensch. Diese Erfahrungen wünsche ich auch dir. Versuche dich selbst in Resonanzfähigkeit und -erlebnissen. Lerne, dein Selbstempfinden, deine Wirkung und Kommunikation durch die Brille der Resonanz zu sehen – es wird sich lohnen. Dir werden sich wundervolle neue Handlungs- und Wirkungsfelder eröffnen. Wenn dir dabei Fragen oder bewegende Gedanken aufkommen, nehme gern Kontakt mit mir auf – ich freue mich immer über inspirierende und spannende Begegnungen.

Zwar werde ich für dieses Buch als Autor genannt, doch es gibt viele Menschen, die am Entstehen mitgewirkt haben und ihren Teil unmittelbar oder mittelbar zu dem vorliegenden Ergebnis beigetragen haben: allen voran meine wundervolle Frau, die mir immer wieder Geduld, Verständnis und ein offenes Ohr schenkt, wenn mich etwas umtreibt und bewegt. Weiterhin bedanke ich mich von ganzem Herzen bei Frank-Joachim Strieder, durch den ich wahrlich zu mir selbst finden konnte. Nadin Buschhaus, Rolf Schmiel und Nico Gundlach danke ich für die intensive, in vielerlei Hinsicht bereichernde und vertrauensvolle Zusammenarbeit, aus der Großartiges erwachsen ist. Von Vertrauen geprägt ist ebenfalls die gemeinsame Arbeit mit meinem Verlag BusinessVillage, wo ich namentlich Christian Hoffmann und Jens Grübner nennen möchte – danke für eure Unterstützung und all die Energie für ein gelungenes Werk. All den Menschen, die mich auf meinem bisherigen Lebensweg begleitet haben, insbesondere in den letzten drei Jahren, möchte ich ebenfalls meinen tiefsten Dank aussprechen. Auch hier sind es die Verbindungen zu Menschen, die scheinbar Unmögliches möglich machen. Danke.

Zum Abschluss dieses Buches möchte ich dir ein kleines Gedicht in Liedform mitgeben, in dem ich ein paar zentrale Botschaften in lyrischer Form versucht habe, zusammenzubringen. Möge es dich – genau wie der Inhalt dieses Buches – positiv bewegen und dafür inspirieren, deinen Teil dazu beizusteuern, (wieder) mehr Resonanz für dich und im Miteinander zu finden – im Business wie privat.

Auf gute Resonanz.

Dein

Sören Flimm

Auf gute Resonanz

Menschen zu erspüren und sie zu berühren
hab' das ganz oft zum Ziel, es gibt einem selbst sehr viel.
Denn die Schwingung kommt zurück,
man spürt das Stück für Stück.
Im And'ren bei sich selbst sein, schafft Hochgefühl und Glück.

Sich selber zu versteh'n, sein eigenes Selbst zu seh'n,
das brauchen wir dafür sowie unser Gespür
für das, was uns bewegt und was das bei Menschen regt,
und vor allem dass man spürt, was Mitmenschen berührt.

Wertschätzung und Rat, statt Bewertung und Rat-Schlag,
Zuhören hilft dabei, und manchmal auch verzeihn.
Sowie auch Toleranz, doch immer voll und ganz:
auf gute Resonanz.

Sören Flimm, 2023

Literatur

Albert Bandura (1993): Perceived Self-Efficiancy on Cognitive Development and Functioning. Wissenschaftlicher Artikel in »Educational Psychologist«.

Joachim Bauer (2022): Wie wir werden, wer wir sind: Die Entstehung des menschlichen Selbst durch Resonanz. Heyne, München.

Joachim Bauer (2006): Warum ich fühle, was du fühlst. Intuitive Kommunikation und das Geheimnis der Spiegelneurone. Heyne, München.

Jens Beljan und Michael Winkler (2019): Resonanzpädagogik auf dem Prüfstand. Über Hoffnungen und Zweifel an einem neuen Ansatz. Beltz, Weinheim.

René Borbonus (2011): Respekt! Wie Sie Ansehen bei Freund und Feind gewinnen. 13. Auflage 2021. Econ, Berlin.

Volker Busch (2021): Kopf frei! Wie Sie Klarheit, Konzentration und Kreativität gewinnen. Droemer HC, München.

Arthur Ciaramicoli und Katherine Ketcham (2001): Der Empathie-Faktor. Mitgefühl, Toleranz, Verständnis. dtv, München.

Klaus Eidenschink (2020): Konflikte und ihre Dynamik. https://metatheorie-der-veraenderung.info/2021/10/23/konfliktdynamik-teil-1, abgerufen am 5. Juni 2023.

Dirk Eilert (2013): Mimikresonanz. Gefühle sehen. Menschen verstehen. Junfermann, Paderborn.

Paul Ekman (2010): Gefühle lesen. Wie Sie Emotionen erkennen und richtig interpretieren. Spektrum Akademischer Verlag, Heidelberg.

Albert Ellis (2006): Training der Gefühle. Wie sie sich hartnäckig weigern, unglücklich zu sein. mvg, München.

Yana Fehse (2023): Radikales Selbstvertrauen. Die geheime Stärke erfolgreicher Menschen. BusinessVillage, Göttingen.

Klaus Grawe (2000): Psychologische Therapie. Hogrefe Verlag, Göttingen.

Daniel Goleman (1997): EQ – Emotionale Intelligenz. dtv, München.

Anselm Grün (2020): Achtsam sprechen – kraftvoll schweigen. dtv, München.

Dietrich Grönemeyer (2009): Lebe mit Herz und Seele. Sieben Haltungen zur Lebenskunst. Herder, Freiburg im Breisgau.

John F. Helliwell, Haifang Huang, Max Norton, Shun Wang und Leonard Goff (2023): Statistical Appendix for »qWorld happiness, trust and social connections in times of crisis« Chapter 2 of World Happiness Report 2023. https://happiness-report.s3.amazonaws.com/2023/WHR+23_Statistical_Appendix.pdf, abgerufen am 5. Juni 2023.

Heinz Kohut (1987): Wie heilt Psychoanalyse? Suhrkamp, Berlin.

Ken Mogi (2020): Ikigai. Die japanische Lebenskunst. Dumont Buchverlag, Köln.

Stephanie Puckett und Rainer Neubauer (2021): Agiles Führen. Führungskompetenzen für die agile Transformation. BusinessVillage, Göttingen.

Hartmut Rosa (2020): Unverfügbarkeit. Suhrkamp, Berlin.

Hartmut Rosa (2016): Resonanz. Eine Soziologie der Weltbeziehung. Suhrkamp, Berlin.

Tim Sanders (2006): Der Sympathiefaktor – Menschen erfolgreich für sich gewinnen. Scherz-Verlag, Bern.

Thomas Schmidt (2009): Konfliktmanagement-Trainings erfolgreich leiten. managerSeminare Verlag, Bonn.

Friedemann Schulz von Thun, Johannes Ruppel und Roswita Stratmann (2003): Kommunikationspsychologie für Führungskräfte. Rowohlt, Hamburg.

Simon Sinek (2011): Start with Why – How Great Leaders Inspire Everyone to Take Action. Penguin LCC US, New York, USA.

Christoph Thomann und Friedemann Schulz von Thun (2009): Klärungshilfe. Handbuch für Therapeuten, Gesprächshelfer und Moderatoren in schwierigen Gesprächen. Rowohlt, Hamburg.

Hans-Otto Thomashoff (2017): Das gelungene Ich – Die vier Säulen der Hirnforschung für ein erfülltes Leben. Ariston, München.

Leon Windscheid (2021): Besser fühlen – Eine Reise zur Gelassenheit. Rowohlt, Hamburg.

Vom Mindset zum Bodyset

Kristina Böhlke
Vom Mindset zum Bodyset
Mit Körper-Biologik Emotionen selbstwirksam aktivieren und führen
1. Auflage 2023

250 Seiten; Broschur; 34,95 Euro
ISBN 978-3-86980-709-6; Art.-Nr.: 1172

Emotionen sind die Sprache des Lebens. Sie haben uns schon handeln und entscheiden lassen, bevor es Worte gab. Empathie, Intuition, Körpersprache und Mimik sind die Voraussetzung für ein gutes Zusammenleben in der Gruppe.

Doch nutzen wir unsere Potenziale im Business, im Coaching, in wichtigen Situationen ausreichend? Wie also küssen wir diese Fähigkeiten wieder wach?

Antworten liefert Kristina Böhlkes neues Buch. Es ist eine Gebrauchsanweisung für den eigenen Körper, für unsere angeborenen Kommunikationsfähigkeiten und führt uns zu emotionalem Selbstvertrauen. In Kontakt mit den natürlichen emphatischen Fähigkeiten zu sein, den eigenen Wahrnehmungen vertrauen, um auf dieser Basis schnell und sicher handeln und reagieren zu können – das ist emotionale Agilität.

»Bodyset statt Mindset« steht dafür, dass wir unsere emotionale Agilität und unsere Intuition wieder bewusst nutzen lernen und zwar mit dem Körper als Ressource – denn der Kopf ist schon ausgelastet genug. Wer den Körper und seine Energien bewusst führen kann, spart Energie und schafft Vertrauen durch authentisches Auftreten. Mit den Möglichkeiten der Körper-Biologik setzt du die Dinge im Wortsinne in Bewegung- zum Beispiel im Coaching, im Consulting, im Führungsalltag oder vor Publikum.

www.BusinessVillage.de